ボートでマダイを釣る

はじめに

プレジャーボートを購入したのはよいが、魚が釣れずに悩んでいるアングラーは意外に多いようです。かつては私もその一人で、マリーナの講演会にも足を運びました。そして同じ悩みを持っているボートオーナーが非常に多いことを実感しました。

実は私も非常に楽観的に考えていました。ボートを購入して沖へ出ればマダイは釣れるものと信じていました。確かにシロギスは釣ることができました。ところが、簡単だと思っていたアジが思うように釣れません。マダイに至ってはなおさらです。それどころか、アンカーを掛けることすらままならない状況でした。

私のプレジャーボートでの釣りはアンカーの手作りからスタートしました。いかにして目標のポイントにボートを止めるか、これが至難の業でした。そして帰る時は逆にアンカーを引き上げる必要があります。「掛かりがよく簡単に外すことが出来る」この相反する二つの目的を達成させることは、一般に装着されているダンフォース型アンカー等では不可能です。

それから、釣りたい魚の生態を勉強しました。釣りに関する専門誌等では不十分なため、図書館へも通いました。

生態が分かれば、次はポイントの選定です。ポイントを見極めるには、海底地形図とGPSが必要です。あらかじめ海底地形図でポイントを予測し、GPSにインプットしておきます。そして実際にポイントへ入ってからは、海底の状況把握が必要です。海底を確認するためには魚群探知機が不可欠です。この魚探を駆使してピンポイントを探します。

次に要求されることは、潮と風を読んでボートをピンポイントに固定する、正確なアンカリングのテクニックです。

ここまでがボートフィッシングの基本ですが、遊漁船などを利用していると、ここまでは全て船頭さんがやってくれます。従って多くの人は、マイボートでも同じで、遊漁船や漁船の近くへ行けば釣れるものと考えて基本をマスターせず、いきなり沖へ漕ぎ出し、むなしく帰港することになります。ポイントを決めるとき、遊漁船や漁船の位置なども参考にしますが、それはあくまで参考です。

基本が分かれば、次はタックル（釣り道具）の準備です。この情報は巷にあふれていますが、高価なサオを何種類も購入する必要はありません。機能さえ満たせば十分です。

カカリ釣りでの基本は、胴調子のサオです。リールは、深場用に電動リールを、浅いポイントではカウンター付きの両軸受けリールを準備しておけばよいと思います。

仕掛けはシンプルがベストで、狙う魚により仕掛けの大きさ、太さ、長さを変えるだけです。

そして沖でのカカリ釣りで最も重要なこと、それはタナです。いくら良いポイントにボートをかけても、タナが合わないと釣りになりません。いかに早くその日のタナを把握するかが、釣果を大きく左右します。これも遊漁船では船頭の仕事ですが、プレジャーボートでは自分で見つけなければなりません。

このように今まで経験のないことを全てマスターして初めて目的の魚を釣ることが出来るのです。

私の場合は漁師の知り合いが出来たこと、近くにボートフィッシングの達人がいたことなど、恵まれた環境があったから、比較的短時間で基本をマスターすることが出来たと思います。

ボートフィッシングをこよなく愛する皆さんには、「もっと早く上達して、心行くまでボートフィッシングの醍醐味を満喫してほしい」。そんな願いをこめて、私は、この一冊を読めば絶対に釣れる「ガイドブック」を作りたいと考えるようになりました。

そのためには、あまりテリトリーを広げると難しくなります。従って「20～26フィートクラスのプレジャーボートでの沖のカカリ釣り。目的の魚はマダイ」をイメージしています。目的の魚はマダイですが、基本さえマスターすれば、マダイと一緒にたくさんの美味しい魚を釣ることができます。

このような私の経験をご紹介することにより、より多くの人にボートフィッシングを楽しんでいただけたら幸いと考えています。

目次

プレジャーボートで
マダイ釣り

本書で使用している海底地形図は、(財)日本水路協会　沿岸の海の基本図デジタル・データ（アスキーファイル）を使用させていただいています。

題字／大浦洋子　イラスト／国方成一　ブックデザイン／熊倉 勲

第１章　釣りの4W・1H

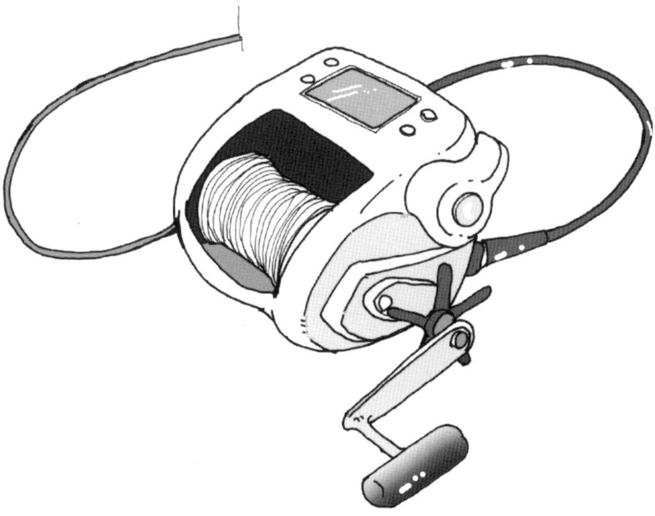

4W・1H

サオを出す前にあらかじめ、4W・1Hを決めておくことをお勧めします。

4W・1Hとは、「いつ（When）、どこで（Where）、だれが（Who）、なにを（What）、どのような方法で（How）釣るのか」ということです。

まずはじめは、だれが、どのような方法で、なにを釣るのかを決めます。このことが、自分の釣りのスタイルにマッチしたボートおよび艤装、あるいはタックルの選択につながります。

次は、いつ、どこで釣ればよいか、です。これには各種の情報収集が不可欠ですが、これでポイントが見えてきます。釣りに必要な備品も明確になってきます。これで準備完了です。

この4W・1Hがボートフィッシングの第一ステップです。

第１章では、私の実際の経験談を交えながら、釣りの4W・1Hについて説明して行きたいと思います。

私がプレジャーボートを購入した理由

シロギスの入れ掛かり

私のボートフィッシングは、10年ほど前に知り合いの人にゴムボートでシロギス釣りに連れていってもらったことがきっかけとなりました。小さな3人乗りのボートでしたが、シロギスが入れ掛かりになりました。それもほとんどが20cmオーバーの型揃いでした。今まで投げ釣りでピンギスばかりの私にとっては、まるで世界が変わったように感じました。

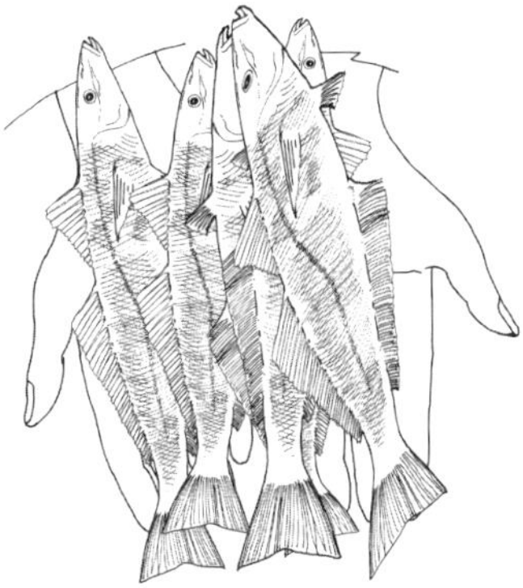

ほんの少し沖へ出るだけで20cmアップのシロギスが入れ掛かりです。私はそのサイズと数の違いには驚きました。目から鱗が落ちる、とはまさにこのことです。

もっと沖へ

このように、ボートで少し沖へ出るだけで、釣りの世界は大きく変わります。しかし、ゴムボートは小さく、沖へ出るにはよほど天候が安定していないと危険です。

私はもっと大きなボートを求めて、ボート免許を取得しました。

20フィートのオープンボート

それがボートを購入することになったきっかけですが、ゴムボートでシロギスを釣っていた私は、最終的な目的の魚がまさか「マダイ」になるとは考えも及ばず、コストとスタイルを優先して、20フィートのオープンボートを購入しました。

さらに沖へ

このボートは、シロギス等の小物を釣るには安定性も良く、機動性にも優れ、取り扱いやすく、入門艇としては十分期待に応えてくれました。

しかし、海はとても広く、沖は果てしない大海原です。私は湾内や岸近くでシロギスを釣っているだけでは満足出来ず、さらに沖へと漕ぎ出して行きました。

私がマダイ釣りにはまった理由

桜ダイ

まぐれで釣った70cmの「桜ダイ」を手にしてからは、どっぷりとマダイ釣りにのめりこむことになったわけですが、その記念すべきひとコマをご紹介します。

マイボートを購入して初めての春ということで、何を、どこで、どのようにして釣ればよいのか、さっぱり分かりません。地元の人や近くに係留している先輩のボートアングラーから情報を収集することにしました。

桜前線とともにマダイ

マダイの産卵時期は春、水温が12度以上になると活動を始め、15度となると産卵場へ移動を開始する。陸では桜の咲くころである。マダイの成熟の最少年齢は4年、体長35cm、体重750g前後だが、高齢魚ほど早く産卵する傾向があり、産卵場への移動も早い。したがって大型魚が釣れる確率は産卵期初期の春先が高い。

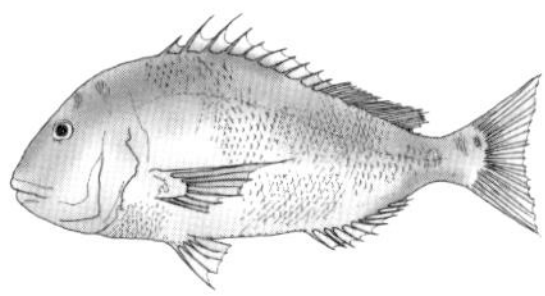

春、桜前線とともにマダイが

そして、その話をまとめると、春、桜前線とともにマダイが乗っ込んでくるとのことです。そしてそのポイントは何カ所かあるようですが、私の行動範囲内では通称黒森沖（志摩半島先端の御座岬南沖）と呼ばれているところが、最もポイントが広範囲で、素人向きとのことです。

ポイントを絞る

私は黒森沖にポイントを絞りました。釣り方はテンビンフカセ、エサはオキアミです。

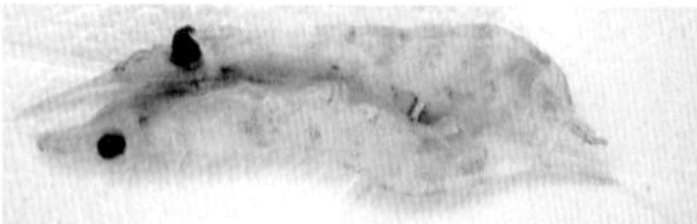

オキアミ

■テンビンフカセ用タックル

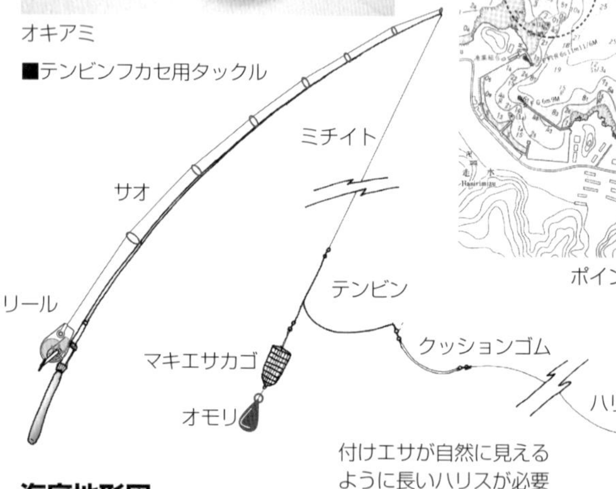

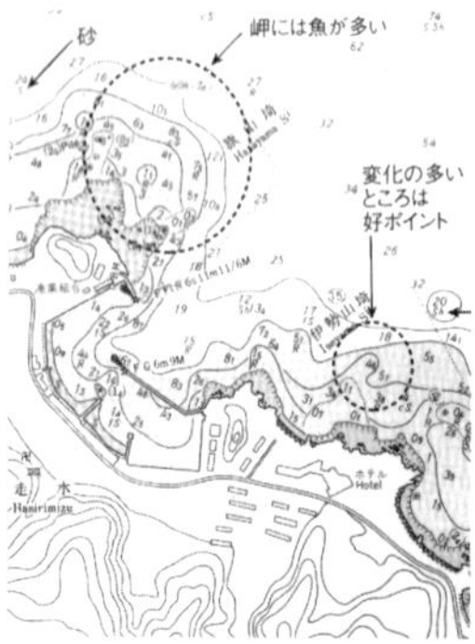

ポイントとは……

海底地形図

海底地形図で調べてみると、係留場所から南5kmほど沖合に、とても変化に富んだ岩礁帯があります。東に岩礁の小島があり、その岩礁帯へ向かってのカケアガリが、潮通しも良く、春の上りマダイの絶好のエサ場となっているように思われました。

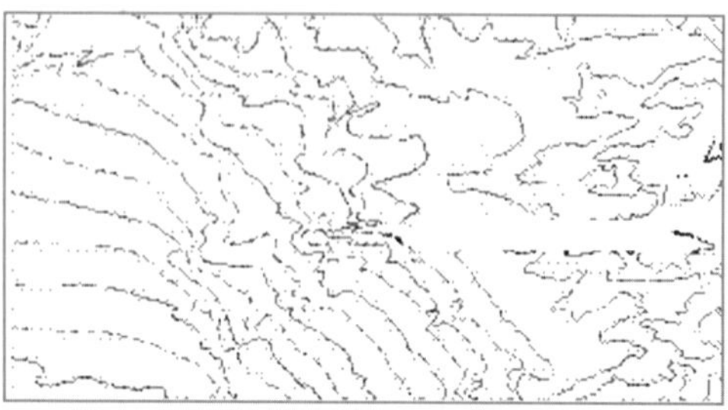

海底地形図の例

ポイントは一目瞭然

2002年4月14日の日曜日は快晴の釣り日和でした。目的地へ近づくとポイントは一目瞭然です。何十艘もの船がひしめいています。漁船あり、遊漁船あり、プレジャーボートもいますが、私たちにはそんな船団の中へ入り込んでアンカーを掛ける自信はありません。

そこで船団の前方に回り、70mラインから小島へ向かって魚探を見ながらボートを進めました。そしてカケアガリの途中、水深40mあたりで海底の変化が大きくなったため、アンカリングすることにしました。

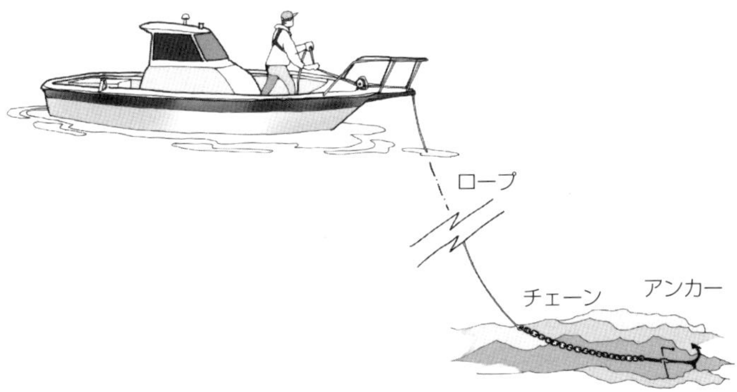

釣友が45cmのマダイ

船団からは少し離れましたが、予測したエリアから大きく外れていないため、とりあえずサオを出すことにしました。

釣りを開始して2時間あまりの午前11時前に、釣友のナカさんこと中島さんにアタリがありました。かなり強いヒキのようです。上がってきたのは45cmのマダイでした。おめでとうと笑いながらも、内心穏やかではなく、うらやましい限りです。

まるで根掛かり

自然と手返しが多くなり、祈る気持ちで待つこと30分、11時過ぎにサオ先が海中に突き刺さりました。乗合船で何度もマダイを釣りましたが、こんな強烈なアタリは初めてです。おもわず大アワセをしてしまいましたが、まるで根掛かりのようでサオ先を持ち上げることができません。しかし数秒後には、根掛かりではないことが証明されました。強烈な引き込みがはじまったのです。

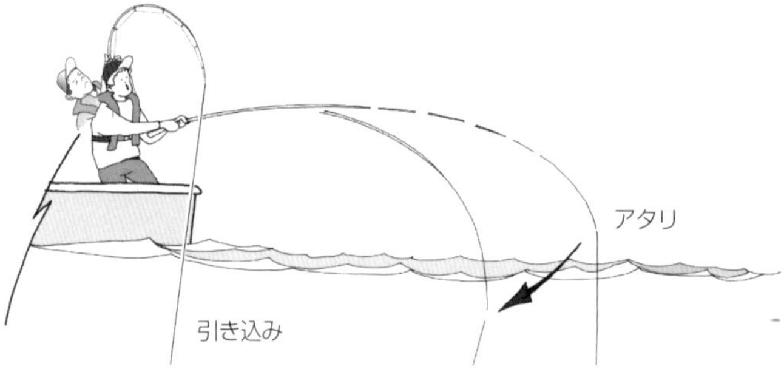

70cmの容姿端麗、色鮮やかなマダイ

ドラグがすべり、イトが出て行きます。興奮しながらも非常に慎重に、ゆっくりとしたリズムで三段引きをかわして上がってきたのは、なんと70cmの容姿端麗、色鮮やかなマダイでした。

容姿端麗、色鮮やかな71cmのマダイです。良いポイントを見つければ、毎年70cmオーバーも夢ではありません

マダイ釣りが全てに最優先

この日を境に私の人生は大きく変わりました。マダイ釣りが全てに最優先です。それまでの私は、世間並みに仕事人間でした。またプライベートでは、子供が小学生のころまでは子供最優先でした。そして子供の成長にともない、週末は庶民の娯楽であるパチンコと月一回のゴルフ、ウイークデーは仕事帰りのチョイと一杯と、ごくごく平凡な生活を送ってきましたが、この一尾のマダイが全てを変えてしまいました。

週末は釣行

週末は当然釣行、月曜日は前日の大漁に酔いしれるか、はたまた貧果で疲れてぐったり。火曜日はとりあえず仕事をしますが、水曜日になると週末の天気を気にしてついついインターネットを開きます。木曜日は釣友と週末釣行の計画を立て、金曜日は大物を釣る想像で頭の中が一杯です。

費用捻出

釣りの費用捻出のため、たばこもパチンコもやめました。それでも一向に苦になりません。それどころか、今では、なぜもっと早くからボートフィッシングというすばらしい趣味に気が付かなかったのかと、悔やまれてなりません。

マダイを求めて沖へ

このようにして、天候に恵まれれば、毎週のようにマダイを求めて沖へボートを進めることになったのですが、そうなると、20フィートの入門艇では、沖の波にたたかれて、機動性、安定性ともに満足出来なくなってきました。また沖では風も強く、潮の流れも非常に速いため、ピンポイントにアンカリングすることが難しくなります。さらに強烈なシャワーを浴びると、ハードトップにあこがれるようになります。

フィッシングスタイルによるボート選び

自分の釣りのスタイル

私はこの時点で初めて「自分の釣りのスタイルにマッチしたボート」を考えることになりました。

これからボートフィッシングを始めようと考えている方は、この章の初めに紹介しましたが、まず自分のフィッシングスタイルを決めて下さい。

だれが、どのような方法で

だれが、どのような方法で釣りを楽しむのか。具体的には、一人釣行か、あるいは釣り仲間と一緒なのか、人数はどのくらいか、またはファミリーフィッシングを楽しみたいのかを考えてください。

釣りのスタイル

次に釣りのスタイルですが、エサ釣りか、エサ釣りの場合はカカリ釣りかまたは流し釣りか、あるいはルアーフィッシングか、トローリングを楽しみたいのかなどを決めます。

カカリ釣り

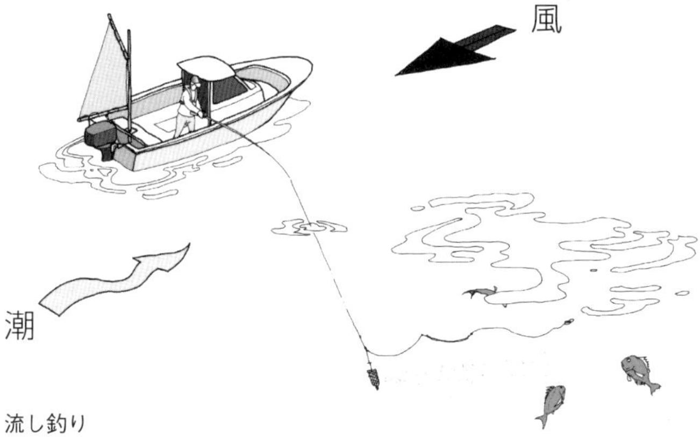

流し釣り

ルアーフィッシング

トローリング

フィッシングメイト23カディを購入

私の場合、最初は、釣友か子供と一緒に春〜秋の釣り日和に、2〜3人でボートを流しながらのチョイ投げでシロギスを釣ることが目的でした。しかしマダイへとターゲットを変更したため、釣りのスタイルも大きく変わってしまいました。

外海では波とウネリの高さは2m前後、風速も5m前後で、潮も川のように流れているのが普通です。そんな状況の中でピンポイントにアンカーを掛け、マダイ仕掛けの10m前後のハリスを使って2〜3人がサオを出せること。また急に天候が悪化した場合でも安全に帰港できることなどの条件に対応できるボートが必要になってきました。

そこで、ふところ具合とも相談して、ヤマハ・フィッシングメイト23カディを購入しました。

ヤマハ・フィッシングメイト23

より機能の高いボート

それからは釣行回数も増え、マダイを釣る確率も数も、どんどんアップして行きました。

そうなると、より機能の高いボートを求めるようになります。特に厳冬期でもマダイを釣ることが確信できてからは、さらに沖の深場ということもあり、フィッシングメイトでは波にたたかれてポイントまでの往復が大変な上、風の影響も加わって、ピンポイントへのアンカリングそのものも難しくなってきました。

タックル24／UF-26

このようにフィッシングメイト23では、船底の形状、船体の大きさ、および重量等の問題から外海での対応には限界を感じ、ヤマハ・タックル24に乗り継ぎました。ということで、個人的な経験では25フィート前後のクラスがお勧めできます。

ヤマハ・タックル24

ヤマハ・UF-26

最後に、「外海で周年マダイを釣るボートの条件」と、最低限必要な艤装を紹介しておきます。参考にして下さい。

こんなボートをお勧めします

外海でのマダイ釣りに適したボートを選ぶ

チェック項目は、大きく分けると以下の7つになります。

1．釣り機能

・2～3人でマダイ釣りが楽しめる

・ローリング（横振れ）が少ない

2．アンカリング性能

・風や潮に船首を立てやすく、横流れが少ない

・船首への移動が容易で、アンカーの投入がしやすく、安全性が高い

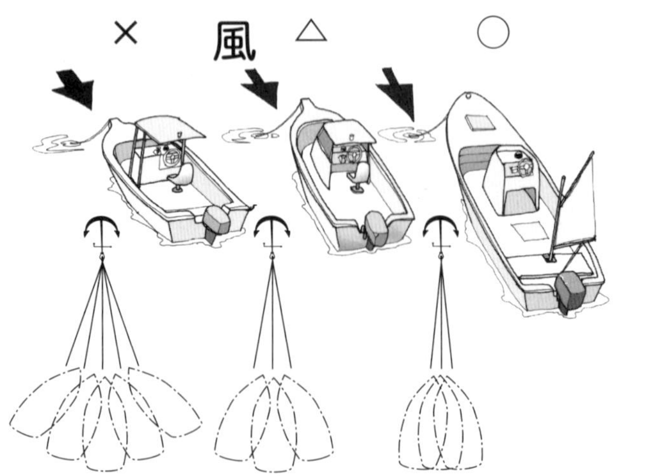

3．高速性能

・沖のポイントまで快適にすばやく移動できる

4．安全性

・波（向かい波、追い波、横波）、ウネリおよび風に強い

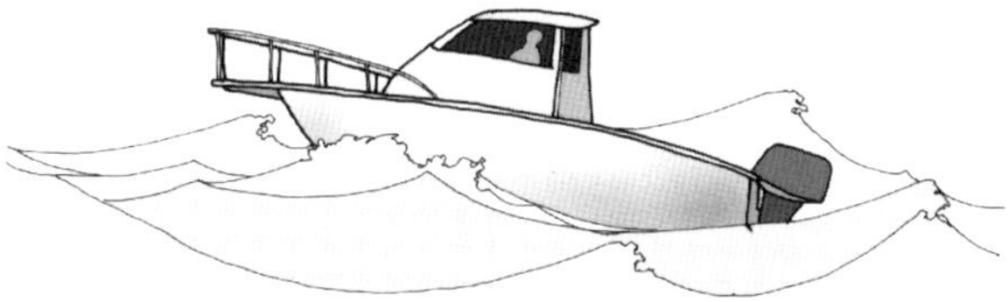

5．乗り心地

・波やウネリで跳びはねない

・風雨やシャワーを防げる

6．見栄え

・スタイリング、カラー等

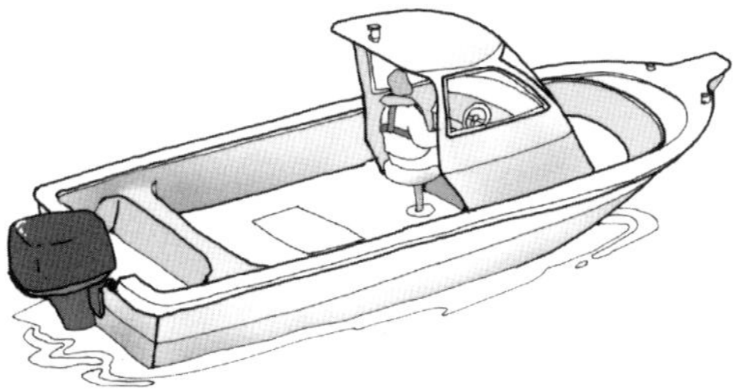

7．コスト

・乗用車並み

以上、7つの条件を考慮すると、次のようなタイプのボートに絞られます。

ハードトップでウォークアラウンドタイプ

ボートのタイプはハードトップのウォークアラウンドタイプをお勧めします。

オープンタイプでは、出航できる日がかなり限定される

マダイ釣りのポイントは港から30分～1時間ほどの沖の場合も多いものです。天候によっては風雨の中を、シャワーを浴びながら走行することになります。従ってオープンタイプでは、出航できる日がかなり限定されてきます。

ハードトップなら波、雨を防げる

ウォークアラウンドタイプ

急に天候が悪化した場合などは、帰航にひと苦労します。また穏やかな日でも沖へ行けば波の高さは1.5m、場合によっては2.5mの波の中でアンカーの上げ下ろしを行います。船首への移動性や安全性を考えた場合、やはりウォークアラウンドタイプをお勧めします。

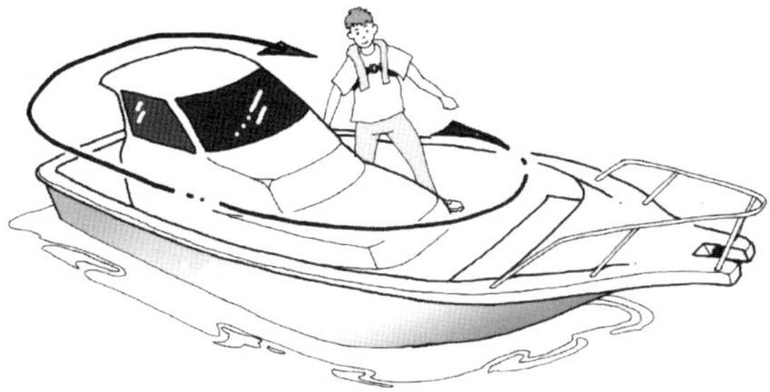

前後への移動がスムース

キャビンタイプ

家族などでクルージング等を楽しむ場合は、キャビンタイプの方がスタイリッシュで見栄えもよく、居住性にも優れていますが、マダイ釣りができるのはせいぜい2人までです。またアンカーの上げ下ろしはキャビンの前で行うため、内海ではともかく外海では、船首への移動に注意が必要です。

波の中では船首への移動がむずかしい

アンカリング性能

アンカリングを考えた場合（流し釣りでも同様）、風や潮に船首が立ちやすく、横流れしにくいことが必要です。
（22頁のアンカリング性能参照）

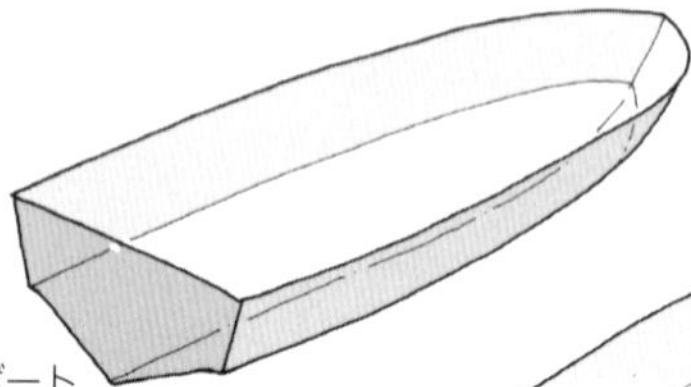

キールのないボート

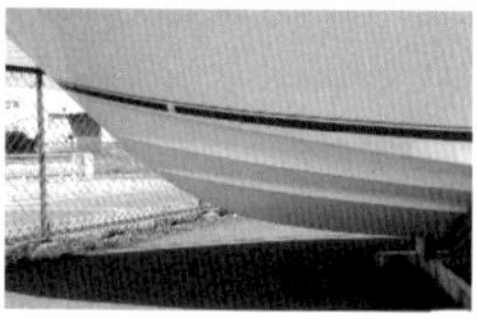

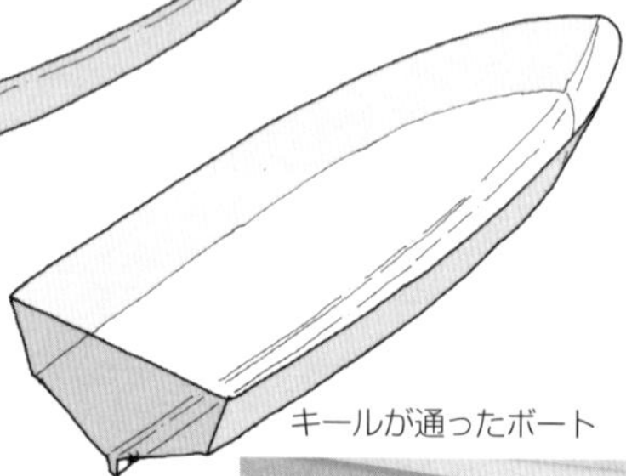

キールが通ったボート

船底がＶ形状でキールが通っていれば、横流れを防ぎ、多少の風や速潮でもピンポイントへアンカリングしやすくなります。

しかし、キールの面積が大きくなると、追い波に弱くなります。つまり走行時に追い波を受けると、キールが抵抗となってステアリングが利きにくくなります。またＶ角度がきついと、横揺れしやすくなります。

このように一長一短はありますが、穏やかなＶハルで、適度にキールが通っているボートがベターです。

ボートの大きさ

ボートの大きさは、波、ウネリあるいは風の中を、安全に快適にすばやく沖のポイントまで移動することを考えた場合、やはり全長は23フィート以上必要です。

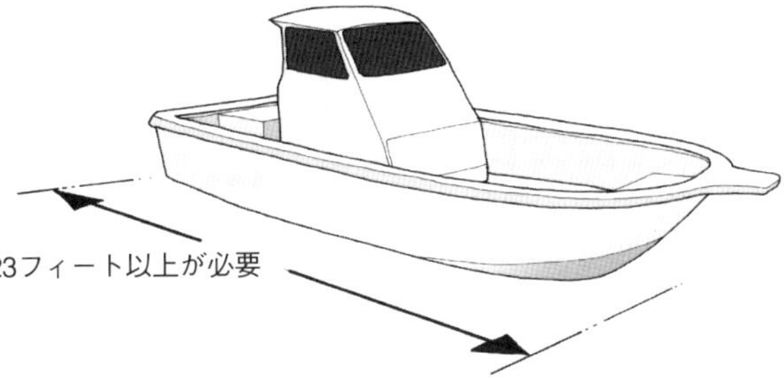

1.2〜1.3トン以上が目安

乗り心地の観点から、重量はある程度重い方が、波で跳びはねることなく走行できます。このクラスの完成重量については、1.2〜1.3トン以上がひとつの目安となります。

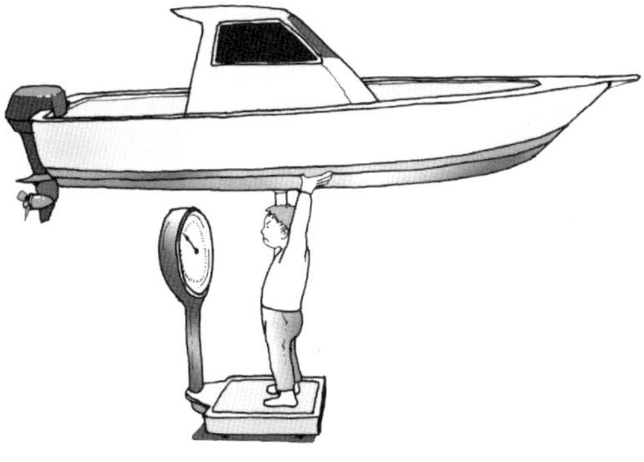

横幅は2.5m前後

ボートの横幅は、波やウネリによるローリングの軽減を考えた場合、このクラスのボートでは2.5m前後は必要です。

巡航速度が20ノット、フルスロットルで25ノット以上

沖のポイントへの素早い移動や急な荒天時の安全性を考えた場合、巡航速度が20ノット以上、フルスロットルで25ノット以上の速度が確保できるパワーを持つエンジンをお勧めします。

素早い動きのできるパワー

コストは乗用車並みの価格

我々一般庶民でも、乗用車並みの価格なら家計を圧迫することなく購入できます。するとやはり23～25フィートのボートが狙い目ということになります。

私のボートのコストと費用捻出方法については、後ほど詳しくご紹介します。

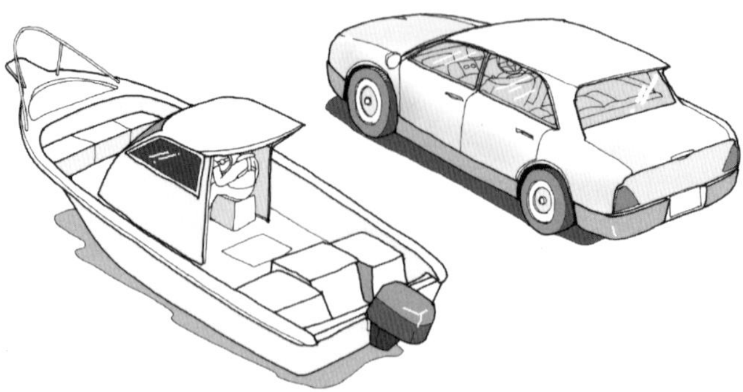

乗用車並みのコスト

最低必要な艤装

1. GPSプロッター＆カラー魚群探知機

・ポイントのプロットと、ポイントまでのナビゲーション

・海底の地形および魚群の探査

2. ロッドキーパー

ロッドキーパーは、釣りをしている時のサオ受けです。

3. ロッドスタンド

移動中にサオを立てておくものです。

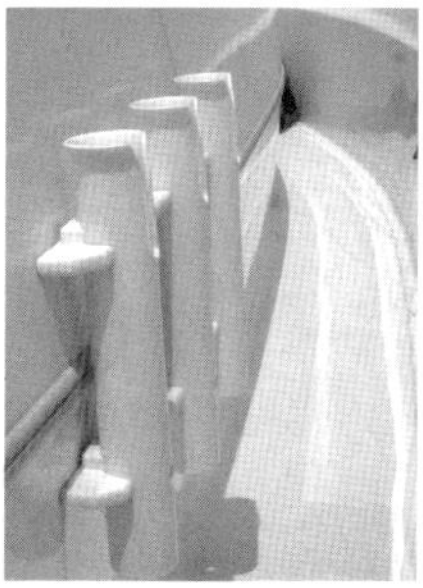

ボートと艤装の価格及び維持費

ボートは高額？

ところで皆さん、ボートは高額なものとお考えですか?そう思う方が多いと思いますが、それは間違っています。確かにトローリングでカジキを狙うような、フライブリッジのついたボートは非常に高額ですが、マダイを釣るには、そんなボートは必要ありません。

私がお勧めのボートと艤装の購入費及びボートのおおよその諸経費を紹介しておきます。(単位：円)

1. ヤマハSRV20 S

本体価格	2,051,000
法定備品	149,500
消費税	110,025
メーカー希望小売価格	2,310,525

※平成16年4月1日現在
エンジン価格は本体価格に含む

2. ヤマハ・フィッシングメイト23カディ

本体価格	2,590,000
法定備品	237,950
消費税	141,398
メーカー希望小売価格	2,969,348

※平成16年4月1日現在
エンジン価格は本体価格に含む

3. ヤマハ・タックル24 O/B LTD F115

本体価格	3,980,000
法定備品	268,600
消費税	212,430
メーカー希望小売価格	4,461,030

※平成16年4月5日現在
エンジン価格は本体価格に含む

4. ヤマハUF - 26 O/B F150

本体価格	5,480,000
法定備品	290,000
消費税	288,500
メーカー希望小売価格	6,058,500

※平成16年6月1日現在
エンジン価格は本体価格に含む

5. GPSプロッター魚探
(ROYAL　72DP3)　280,000

6. ロッドキーパー（4個）
56,000

7. ロッドスタンド（3連・1セット）
3,500

8. ロッドスタンド（1連・2セット）
3,600

マイボート購入のテクニック

しかし、いくら乗用車並みと言っても、費用は捻出しなければなりません。そこで私の「マイボート購入のテクニック」をご紹介しておきます。

ボートフィッシングと出合う前の私の遊興費と比較すれば、だれでもボートのオーナーになれることが一目瞭然です。

項　目	コスト（円／月）	
たばこ（40本／日）	15,000	吸いすぎとわかっているが、徐々に増えてきた
外飲食　（1回／週）	15,000	安い居酒屋ですませているが
パチンコ（2回／週）	20,000	勝つ時もあるが、結局はこのくらい負ける
ゴルフ　（1回／月）	15,000	最近は安くなったが、飲食費を伴うのでこのくらい

これを年間にすると、なんと78万円にもなります。

たばことパチンコの遊興費をボートのために使うとしても、5年ローンで利息を考えて、SRVクラスのボートが購入出来ます。

SRV20を購入

私の場合は、最初に20フィートのSRV20を購入しました。当時の総額は、およそ170万円でした。小遣いを少しずつ貯めて、頭金が70万円ほど。残りの100万円は4年ローンで返済しました。返済金額は利息を含めても30万円／年ほどで、パチンコの遊興費を当てることで楽々の返済でした。パチンコをやめる前提でボートを購入しましたが、実際のところは、休日は釣りが中心となりパチンコで遊ぶ暇がなくなりました。従って不自由は全く感じませんでした。

フィッシングメイト23カディに買い替え

次に購入したフィッシングメイト23カディは、販売店の紹介で試乗艇を購入しました。SRVを下取りしてもらって、追い金が120万円でした。今度はたばこをやめて、4年ローンで楽々返済です。

ちなみに、たばこをやめたいのにやめられないで困っている方は、是非私のテクニックをためして下さい。

「背に腹は代えられぬ」と言いますが、借金をしてお金がなくなると、何の問題もなくやめることが出来ます。

タックル24に買い替え

そして次に、タックル24ですが、今度も販売店の紹介で展示艇を購入できました。フィッシングメイト23を下取りしてもらって、追い金は200万円でした。

今度は少々苦労しています。5年ローンでも年間50万円ほど必要です。そこで思いきってゴルフをやめました。やめたというより、釣りにのめり込み時間がなくなりました。従って「必要に応じて付き合い程度になった」といったほうが正しいかもしれません。

ボートの維持費

　またボートの維持費も、思ったほど高くありません。私の事例（タックル24の場合）をまとめてみました。

項　　目	（円／年）	
係留費	100,000	
保険料	20,000	（対物保険）
ＢＡＮ	18,000	（海のJAF）
船底塗装　揚降料	3,500	（スロープとウインチおよび高圧水噴射設備の利用代金を含む）
塗料費	10,000	（4kg）
人件費	3,000	（手伝ってもらう釣友と私の昼食代・二人で半日ほどの工数）
アノード、ギアオイル	10,000	（船底塗装の時に交換）
その他整備費用	10,000	（エンジン調整等）
合計　174,500円／年		

釣りに必要な費用

また、釣りに必要な費用の差は大きいと思います。

私のホームポイントまでは、往復約80分です。途中で2回ポイントを移動するとして、走行時間は120分ほどです。そしてガソリンの使用量は、タックル24の115馬力4ストロークエンジンでは、25ℓほどです。ガソリンの単価が100円／ℓとしても、1回の釣行での燃料費は、2,500円です。

普段は2～3人で釣行します。2人としても、1,300円／人の負担となります。

エサは、マキエサが１人3kgのブロックを１個で600円、付けエサが１人１個で、300円です。そして氷は300円。合計すると、1,200円となります。燃料費と合わせても、１回の釣行費は2,500円です。

乗合船を利用した場合は、安いところでも、１回釣行すれば10,000円は必要です。この差は大きいと思いませんか？この差額を維持費の一部に当てれば、先の遊興費と合わせて、ローン＋維持費が確保できます。

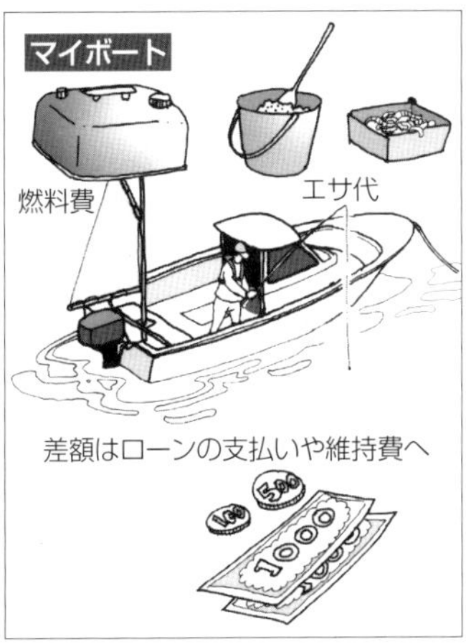

目的の魚を決める

どこで、どんな魚が

次に「どこで、どんな魚が、どのような方法で、いつ釣れるのか」を把握します。具体的には、まずボートの保管場所を決めます。予算が最優先とは思いますが、釣りの新聞や専門誌などの情報から地域を特定し、自宅からの距離を考えて決めることになると思います。

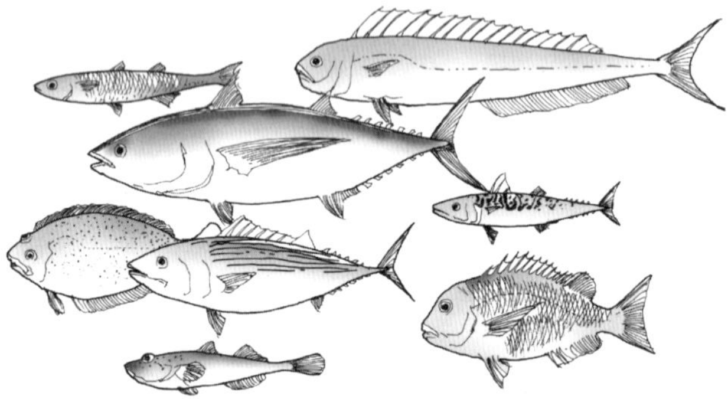

車で2時間以内

ボートの保管場所は、自宅から車で2時間以内のところが適当と考えます。

AM5:00にその日の最新の天気予報が発表されます。前日の最終発表はPM5:00ですが、微妙な予報の場合でも、係留場所まで2時間以内だと、朝5時の発表を確認してからでも釣行が可能です。

安価な係留場所

係留場所ですが、最近はフィッシャリーナなど、漁港でも係留できるところが増えているようです。ボートの販売店に相談すれば、意外に安価な係留場所を見つけることができると思います。

これで地域が限定されます。

目的の魚と仕掛け

そして次に目的の魚と仕掛けあるいはエサ等ですが、これについては地元の人や先輩アングラー、あるいは釣りの新聞や専門誌などにより情報を収集します。

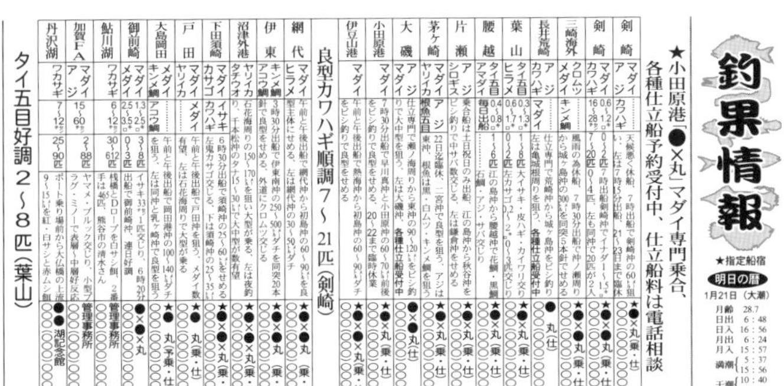

釣果情報

★指定船宿

明日の暦 1月21日（大潮）

月齢 28.7 / 日出 6：48 / 日入 16：56 / 月出 6：24 / 月入 15：57 / 満潮 5：37 15：56 / 干潮 10：40 23：05

★小田原港「●×丸」マダイ専門乗合、各種仕立船予約受付中、仕立船料は電話相談

剣崎	マダイ アジ	カワハギ……		天候悪く休船、7時出船で剣崎沖の60㍍狙い、左は7時15分出船、21～23日まで臨休	★●×丸（乗・仕）○○○(○○○)○○○○
剣崎	マダイ カワハギ	0.6～1.2キロ 16～28センチ	0～2匹 7～20匹	7時出船剣崎沖でイナダ1～1.5キロ 0～4匹、左も同沖で20匹が2人	★●×●丸（乗・仕）○○○(○○○)○○○○
三崎海外	クロムツ メダイ	キンメ鯛……		風雨の為休船、7時30分出船で沖ノ瀬周りから城ヶ島沖の300㍍を同突5本針でせめる	★●×●丸（乗・仕）○○○(○○○)○○○○
長井荒崎	アジ カワハギ	マダイ……		仕立専門で荒崎沖から城ヶ島沖をビシ釣り 左は亀城根周りを狙う、各種仕立船受付中	●丸（仕）○○○(○○○)○○○○
葉山	タイ五目 ヒラメ	0.3～1.3キロ 0.6～1.7キロ	1～8匹 0～2匹	大イサキ・皮ハギ・カイワリ交り 左カサゴ0.2～2キロ0～3匹交じり	★●×丸（乗・仕）○○○(○○○)○○○○
腰越	タイ五目 アマダイ	0.4～0.8キロ 毎日出船	1～6匹 ……	江の島沖から腰越沖で花鯛・黒鯛 石鯛・アジ・サバ交じり	★●×丸（乗・仕）○○○(○○○)○○○○
片瀬	アジ シロギス			乗合船は土日祝日のみ出船、江の島沖から秋谷沖をビシ釣りで中サバ数交じる、左は鎌倉沖をせめる	★●×丸（乗・仕）○○○(○○○)○○○○
茅ヶ崎	マダイ ヤリイカ	アジ 根魚五目		22日迄臨休、二宮沖で良型を狙う、アジは東沖、根魚は黒・白ムツ・キンメ鯛を狙う	★●×丸（乗・仕）○○○(○○○)○○○○
大磯	アジ マダイ			仕立専門で瀬ノ海周りから東沖の90～120㍍をビシ釣りで大中型を狙う、左は大磯沖、各種仕立船受付中	●×●丸（仕）○○○(○○○)○○○○
小田原港	マダイ			7時30分出船で早川真沖と小田原沖の60～70㍍前後をビシ釣りで良型をせめる、20～22まで臨時休業	★●×丸（乗・仕）○○○(○○○)○○○○
伊豆山港	マダイ			午前と午後出船で熱海沖から初島沖の60～90㍍ダチをビシ釣りで良型をせめる	★●×●×丸（乗・仕）○○○(○○○)○○○○

良型カワハギ順調7～21匹（剣崎）

網代	マダイ ヒラメ			午前と午後出船で網代沖から初島沖の60～90㍍を良型主体にせめる、左は網代沖の30～50㍍ダチ	★●×●丸（乗・仕）○○○(○○○)○○○○
伊東	キンメ鯛 アコウ鯛			3時30分出船で伊東南沖の250～500㍍ダチを同突20本針で良型をせめる、外道にクロムツ交じる	★●×●丸（乗・仕）○○○(○○○)○○○○
沼津外港	ヤリイカ タチウオ			石花海周りの150～170㍍を狙い大型が乗る、左は夜釣り、千本松沖のタナ15～30㍍で大中型が数有望	★●×●×丸（乗・仕）○○○(○○○)○○○○
下田須崎	マダイ カサゴ	イサキ カワハギ		6時30分出船で須崎沖の25～60㍍をせめる 左鬼カサゴ交じる、下は須崎沖の25～35㍍	★●×●×丸（乗・仕）○○○(○○○)○○○○
戸田	マダイ ヤリイカ	メダイ ……		午前と午後出船で戸田沖を狙う、メダイ数有望、左は石花海周りで大型が乗る	★●丸（乗・仕）○○○(○○○)○○○○
大島岡田	メダイ キンメ鯛	…… アコウ鯛		午前と午後出船で岡田港沖の100～140㍍ダチを狙う、左は同沖と乳ヶ崎沖で良型を狙う	★●丸（予乗・仕宿）○○○(○○○)○○○○
御前崎	マダイ メダイ	1.3～2.5キロ 2.5～3.5キロ	3～8匹 0～3匹	イサキ33センチ1匹交じり、6時20分出船で御前崎沖、連日好調	●×●×丸 ○○○(○○○)○○○○
鮎川湖	ワカサギ	6～12センチ	30～612匹	桟橋とDロープを白サシ餌、2番手は465匹、熊谷市の清水さん	管理事務所 ○○○(○○○)○○○○
加賀FA	マダイ アジ	15～60センチ	2～88匹	ヤマメ・ブルック交じり、小型プラグ・ミノーで表層～中層好反応	管理事務所 ○○○(○○○)○○○○
丹沢湖	ワカサギ	7～12センチ	25～90匹	ボート乗り場前から大仏橋の上流9～15㍍を紅・白サシと赤ムシ餌	●●湖記念館 ○○○(○○○)○○○○

タイ五目好調2～8匹（葉山）

新聞の釣り情報（イメージ）

お勧めは、マダイ

私のお勧めは、マダイです。特に旬の天然マダイは最高級魚で、大型になると値段もさることながら、そのほとんどが料亭や旅館などへ直行するのか、スーパーなどにはまず置いてありません。従って一般家庭の食卓にのぼることはめったにないと思います。そんな天然マダイの刺し身や焼き物、タイシャブなどが毎週末、我が家の食卓を飾ると思えば嬉しくなりませんか。ボートアングラーの特権です。

マダイ料理には、ほかにもたくさんのレパートリーがあります。かぶと蒸し、マダイのてんぷら、タイ飯やタイ茶漬などの和食に、ピカタ、ソテー、カルパッチョなどなど。

姿よし、食味よし、ヒキよし

またマダイに限定すれば情報収集も比較的簡単です。そして、なんといってもマダイは姿よし、食味よし、ヒキよし、と三拍子揃っていることが釣り人を魅了します。

天然の高級魚

またマダイを釣ることが出来れば他にもたくさんの美味しいお魚がついてきます。代表的なものは、イサキ、ハマチ、ワラサですが、他にもマグロやホンガツオ、カンパチ、マハタ、メダイなど、いずれ劣らぬ天然の高級魚です。

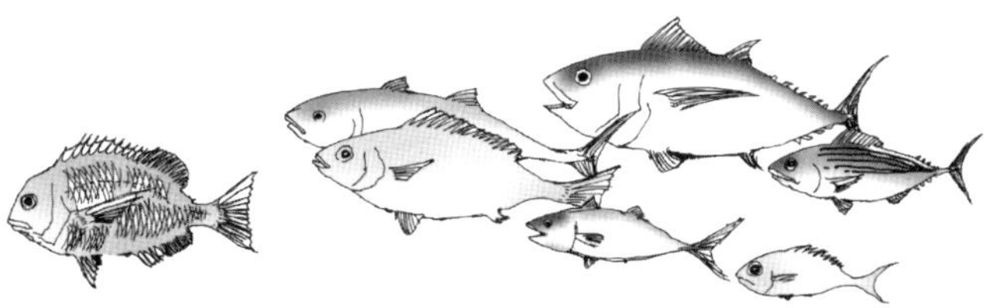

日本全国の沿岸で釣れる

とにかく、まずマダイをコンスタントに釣ることを目標にして下さい。そのためには、いつ、どこで釣れるのかが問題となってきます。しかし、それは意外と簡単に把握できると思います。マダイの生息範囲は広く、ほぼ日本全国の沿岸で釣ることが出来ます。その地域には必ず、上りダイと落ちのマダイのシーズンがあるはずです。

先にも触れましたが、釣りの新聞や専門誌を読むと、「なになに沖でマダイが釣れた」と紹介しています。

釣り情報

また漁港などに係留する場合は、地元の人から情報を収集できます。マリーナの場合でも先輩アングラーやマリーナの人に確認できます。またボート販売店も意外にたくさんの情報を持っています。

これらの情報から、その地域における旬の状況が把握できます。

産卵のため、浅場へ

マダイの釣季は、春と、秋から初冬です。春は桜の開花のころに越冬の深場から産卵のため、浅場へ移動を始めます。

従って、この時期のマダイは、「桜ダイ、あるいは、上りダイ」と呼ばれ、一番の旬とされています。産卵を控えたマダイは、この時期食欲が最も旺盛で、警戒心も薄れるため、大型を仕留めるチャンスです。また力も強く、そのヒキも強烈です。

おおよそ4～5月

当然その食味についても、産卵前で脂も乗り、まだ水温も低いため身も引き締まり、最も美味しいとされる時期です。

ただ、水温の影響でマダイの移動時期はその地域によって異なりますが、おおよそ4～5月です。

その地域での情報が不可欠

また同じ地域でも、その年により2週間前後早くなったり遅くなったりします。この移動時期を把握するには、その地域での情報が不可欠となります。

産卵前の一時期に集中

春の上りダイは、産卵前の一時期に集中するため、釣れる期間が短いのが難点ですが、ポイントも明確で、毎年ほぼ同じルートで、それもある程度の群れで移動します。そして産卵前の荒食いのため警戒心が薄く、初心者の入門にお勧めです。

ポイントの予測

マダイの行動

このようにして、おおよその場所（なになに沖）と釣れる時期が分かれば、次にポイントを決めます。ポイントを決めるには、マダイの行動を知ることが重要な要素です。

生息場所

マダイの生息場所は、水深30～150mの沿岸水域の潮通しが良い岩礁帯周辺です。

マダイは水温の下がる冬場は、水深80～150mの深場で越冬します。そして水温が上昇する春、地上では桜が咲くころになると、産卵のため浅場へと移動しますが、その途中の潮通しの良い、エサの豊富な所で体力をつけます。

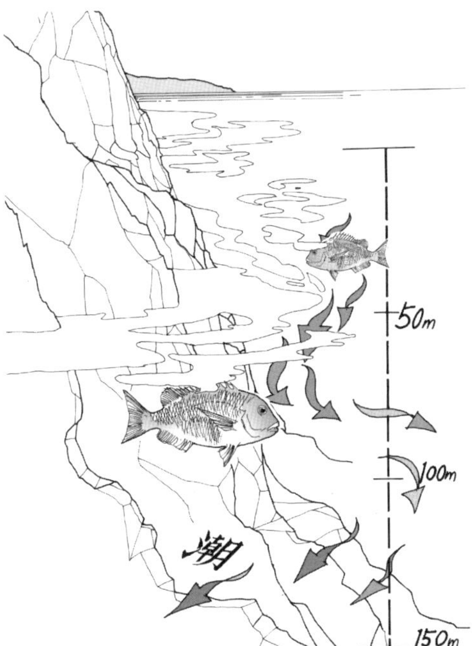

上りダイのポイント

この場所が上りダイのポイントとなるわけです。実際の産卵はもっと浅いところと考えられますが、産卵を控えて活発に捕食するところは、初期が水深70m前後、そして体力をつけながら徐々に浅場へと移動して行きます。シーズンの終盤は、30〜40m前後が狙い目となります。

岩礁帯で海底が大きく変化しているところ

地元およびマスコミなどの情報から、おおよその場所を決めておきます。そして海底地形図を使ってポイントを予測しますが、よくマダイのベストポイントは海底に突き出た岩礁帯、あるいはその周りの砂礫底と言われます。しかし、このようなポイントは小さいため、海底図には記載されていません。また春の上りダイの捕食場所としては、面積が小さく、不適切です。従って、まず岩礁帯で海底が大きく変化しているところを探して下さい。

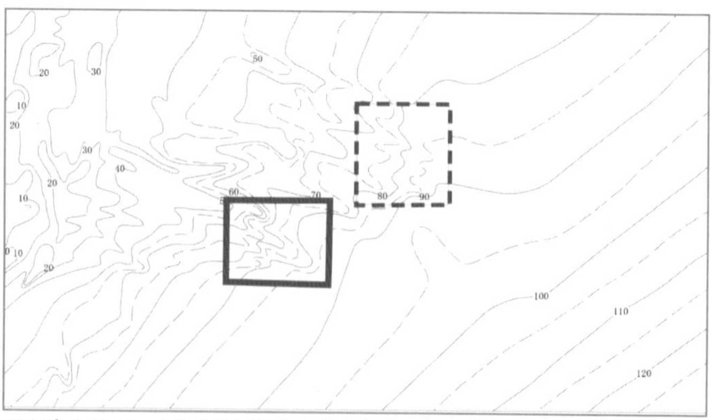

このポイントは、大きく2カ所に絞り込めます。上のポイントは、より沖向きで水深もあり、比較的広い岩礁帯のため、春の上りダイも秋から初冬の落ちダイのどちらにも適していると思います。但し上りダイは内側の70mライン、落ちダイは外向きの80〜90mラインがポイントです。そして下側のポイントは、等深線がやや鋭く外へ向って突き出しているため、春〜夏場向きと考えます。

等深線が外へ向かって突き出ていてさらにその間隔が狭い所

海底図を見ていただくとよく分かると思いますが、等深線が外へ向かって突き出ていてさらにその間隔が狭い所、つまり急なカケアガリが潮通しも良く最適です。鋭角に鋭く突き出ているところよりも、ある程度の幅があるところを選んで下さい。

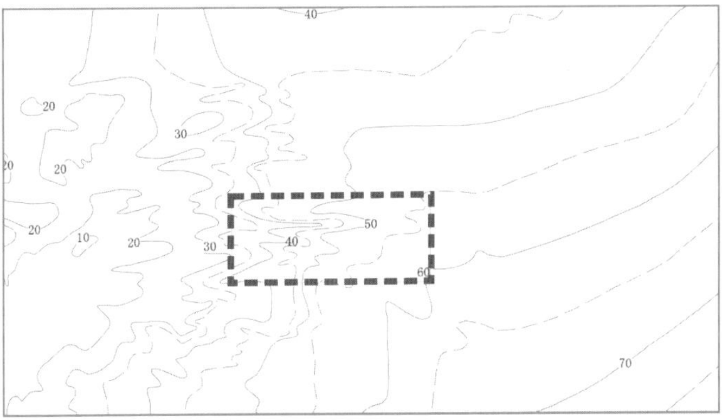

等深線が外へ向かって鋭く突き出しています。春～夏場のポイントです。

幅のないところは回遊率が低い

鋭く突き出ていて幅のないところは、釣れないことはないのですが、岩礁帯の面積が小さいため、エサの絶対数が少なく、マダイの回遊率が低いようです。

春は群れが大きい

逆に幅が広いと、その突き出たポイントの中でも凹凸の変化があって、潮の動きも複雑になり、エサの甲殻類なども豊富なため、たくさんのマダイが回遊してくると考えます。特に春は群れが大きいため、ある程度の面積が必要になると推測しています。

ポイント予測❶

下の海底図（ポイント予測❶）は、マダイの代表的なポイントです。太い線に沿って等深線が突き出ているのが分かります。

その周りの、点線（━ ━ ━ ━）で囲った部分全体がポイントですが、シーズンによって釣れる場所および水深が変わります。

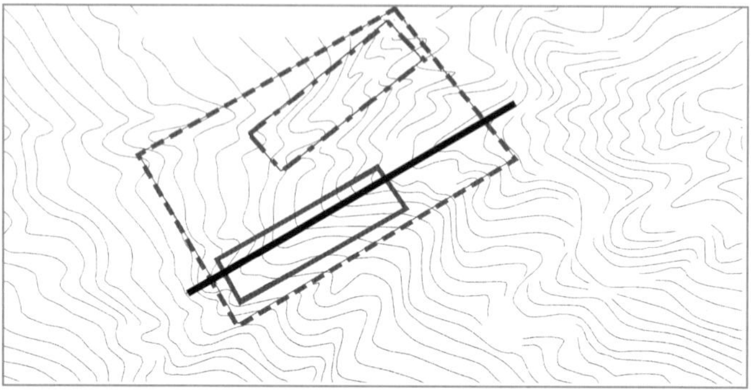

ポイント予測❶

春のマダイのベストポイント

春のマダイは沖の深場から沿岸の浅場へ上ってきます。従って、上側に太い一点鎖線（━・━）で囲った辺りが春のマダイのベストポイントになります。

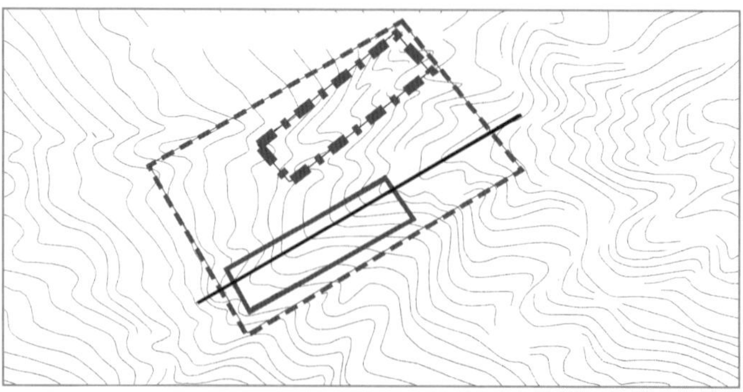

春のマダイのベストポイント（太い ━・━・━ で囲んだ部分）

秋のベストポイント

逆に秋は深場へと落ちて行くため、下側の実線で囲った辺りがベストポイントとなります。

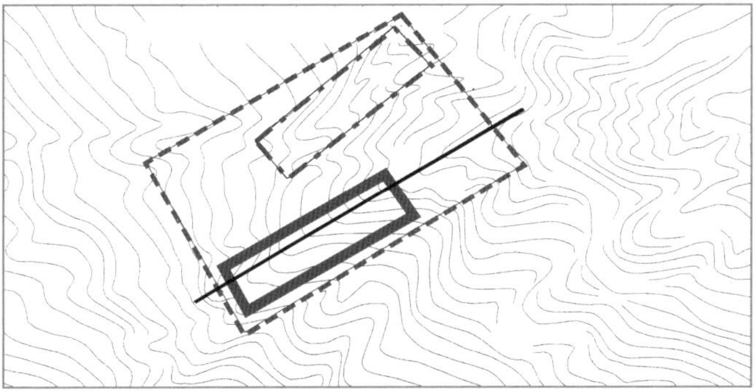

秋のマダイのベストポイント（実線で囲んだ部分）

オールシーズン釣れる

また春のベストポイントの浅場へは、初夏、イサキも乗っ込んできます。そして秋のベストポイントの深場へは、ワラサやマグロ、カツオなども回ってきます。このように広範囲で、水深の幅がある岩礁帯は、オールシーズンで釣りを楽しむことができます。

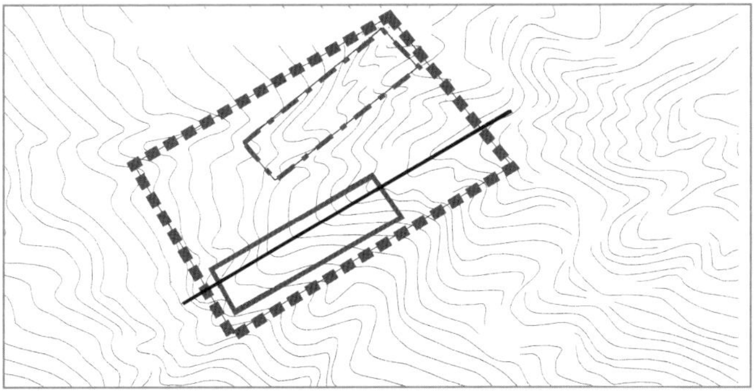

オールシーズン釣れる（点線で囲んだ部分）

ポイント予測❷

次のポイント予測❷も、春の上りダイのポイントですが、岩礁帯の面積が小さいため、釣り場は限定されます。マダイの絶対数も少ないため、当たり外れがあると思いますが、浅場では初夏にイサキ、秋には落ちのマダイを釣ることができます。

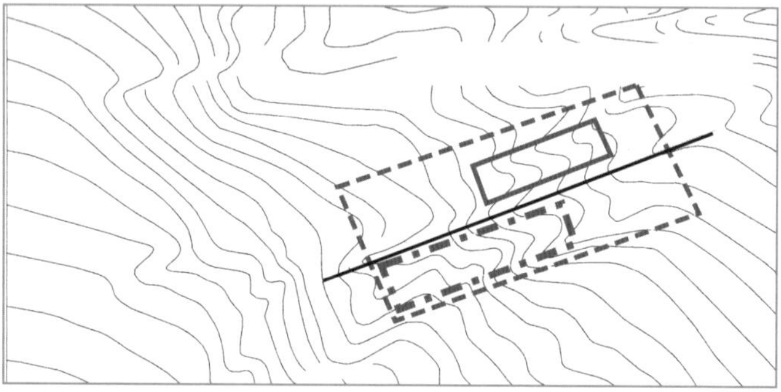

ポイント予測❷

ポイント予測❸

またポイント予測❸は、一般的に「瀬」と呼ばれているところです。ピンポイントは、瀬の周りで等深線の変化が大きく、間隔が狭いところです。瀬の頂上付近は、イサキやアジには適していても、マダイに関する限り必ずしもベストとは言えません。マダイの場合は、瀬の頂上に向かってのカケアガリがベストポイントです。

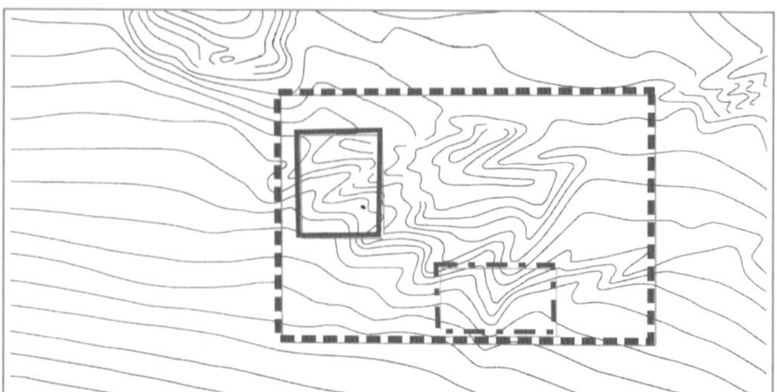

ポイント予測❸

秋～初冬のポイントもすぐ近く

春の上りダイのポイントさえ把握すれば、秋～初冬のポイントもすぐ近くのため、見つけるのにさして時間はかかりません。そしてその周りで、秋～冬の美味しいお魚たちも釣ることができます。

またマダイの越冬場所は水深が80～150mの岩礁帯、あるいはその周りです。そして産卵場所は沿岸の浅い砂礫底の藻場等、小魚が育つのに適した場所です。その途中で体力をつけるための捕食場所が、まさに上りダイのポイントとなるわけです。従って、越冬に適した80m以上の深場から捕食に適した30m前後までカケ上がっているような岩礁帯があればベストです。

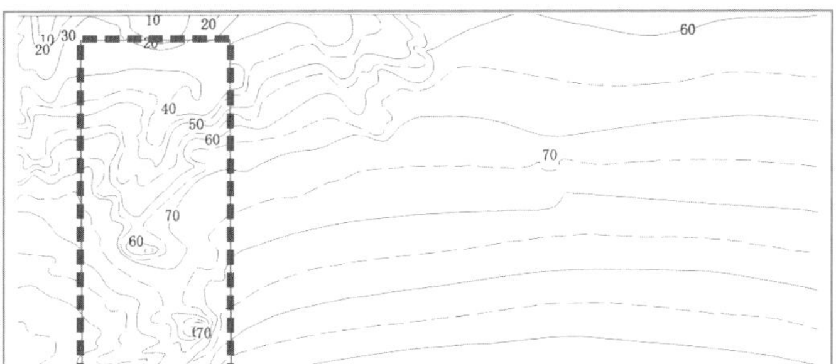

秋冬のポイント

このポイントは、春の捕食に適した水深から、越冬に適した深場まで等深線が突き出しています。このポイントの水深80m以深がまさに晩秋から冬場のベストポイントと言えます。

GPSにインプット

このようなところを2～3カ所選択してGPSにインプットしておきます。ただし、その地方によっては漁業権を設定して、漁師と遊漁船、あるいはプレジャーボートの釣り場を明確に区分しているところがあります。事前に漁協などに確認しておくことをお勧めします。

目的の魚を釣る方法

地方特有の方法

釣り方ですが、マダイに関してはその地方特有の方法があります。しかしこれらの釣り方については、巷に情報があふれています。また基本的には遊漁船でもプレジャーボートでも同じです。エサの購入が可能な限り、その地方で広く行われている方法で釣るのがベストです。

オキアミを使ったコマセ釣り

ここでは、最もポピュラーな、オキアミを使ったコマセ釣りのテンビンフカセ釣りを紹介します。

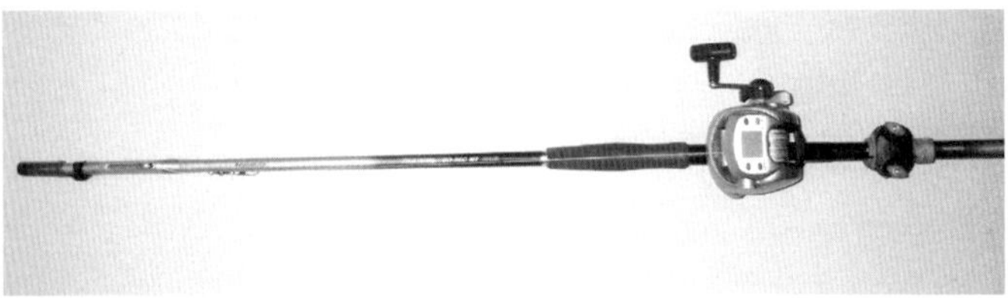

サオは胴調子

サオは胴調子でオモリ負荷が50～80号、長さは3～4mのものが最適ですが、秋の青ものと兼用する場合は、ずばり80号、3.6mを購入してください。そして購入時には必ず自分で、胴調子かどうかを確認することが重要です。決して高価なサオは必要ありませんが、耐久性を考えて2万円前後のものをお勧めします。

リール

リールはPE6号のミチイトを300m前後巻き取れる、中・小型の電動リールをお勧めします。機能は速度とドラグ調整が出来れば十分です。また、常に海水で濡れるため、水道水で丸洗い可能な程度の防水性能を有するものを購入してください。釣具店のセールなどでは、ミチイトが付いて3万円ほどで購入できます。但し、バッテリーは別途必要ですが、これも釣具店のセールなどで格安のものを見つけられます。1万〜1万5千円といったところです。

リールは手返しを早くするためと、マダイの強いヒキに対応するために、PEライン6号が300m前後巻ける中型でドラグ付きの両軸受けタイプを選んでおくと、使用範囲も広い。狙ったタナに仕掛けを落ち着かせるにはカウンター付きのものがベスト。電動リールは深ダナを釣っているときに、魚が掛かっていない仕掛けを回収するときにも重宝する。

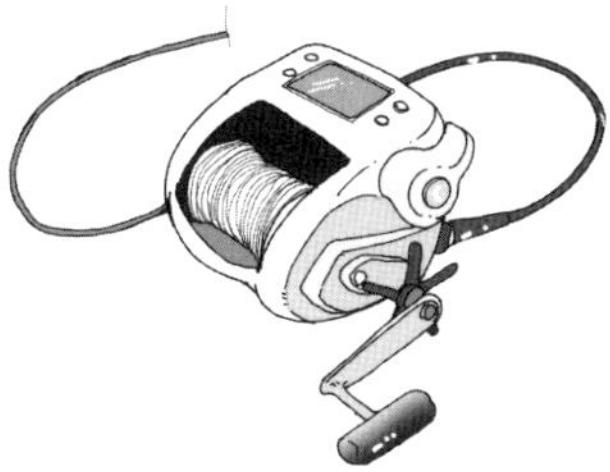

仕掛け

仕掛けは、片テンビンにクッションゴムとマキエサのカゴを付け、その下にオモリをセットすれば出来上がりです。

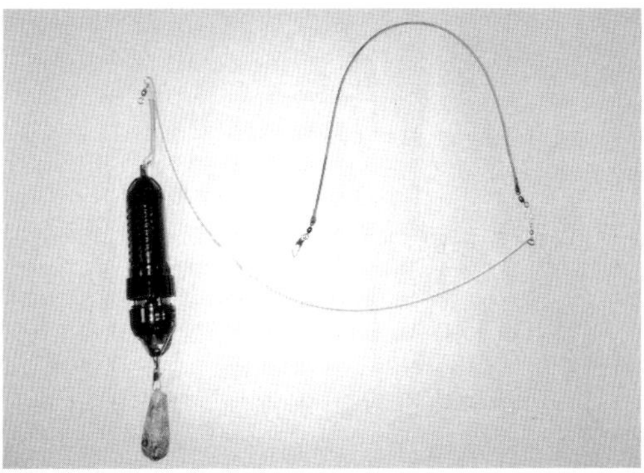

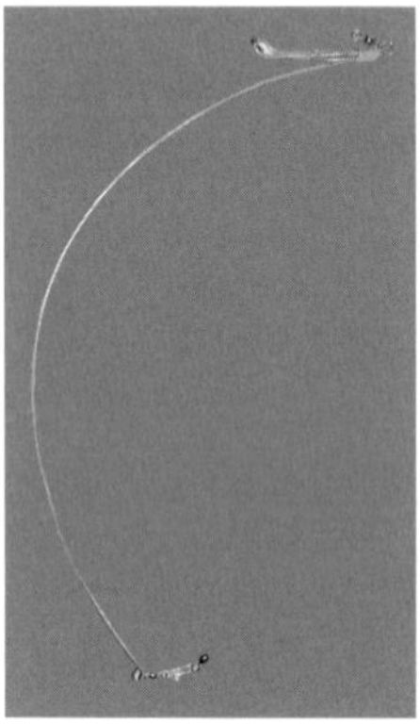

片テンビンは、釣具店でマダイ用として販売している、安価なもので十分です。

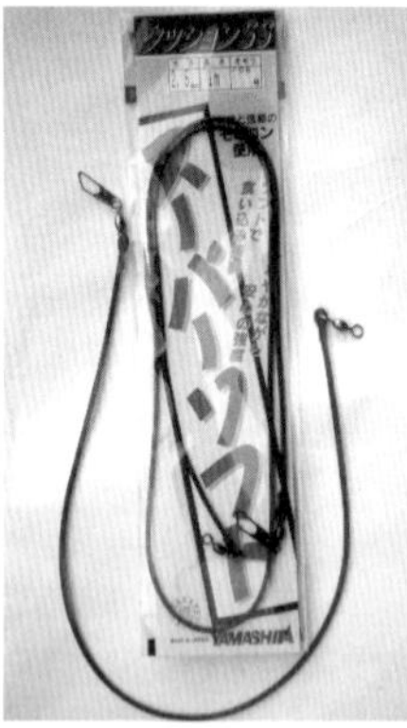

クッションゴムは、直径2～2.5mm、長さ0.5～1m。ただし、クッションゴムは常に表面状態を確認し、小さいキズや変色等変化が見られたら新しいものと交換して下さい。問題がないようでも、シーズンに一度は交換したほうが無難です。

マキエサのカゴは、プラスチック製のＬサイズを準備して下さい。オモリは、水深と潮の速さで決めますが、50～100号を準備しておきます。

そしてクッションゴムにハリスを取り付けますが、材質はフロロカーボンをお勧めします。サイズは3号、4号および5号を揃えて下さい。ただし、秋には大型の青ものが回遊してくるため、6〜8号も準備した方が無難です。

ハリスの長さは、潮の速さで変更します。潮が遅い時は6〜7m、速い時は10mを基本にして、その時の状況で変更します。

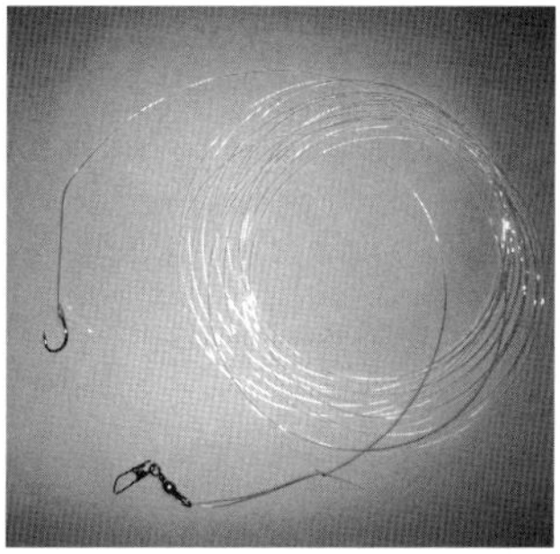

いろいろなハリス

ハリは、ハリスのサイズで変更します。例えばハリス3号の時はマダイバリ9号、ハリス4号ではマダイバリ10号、ハリス5号ではマダイバリ10号か11号を基準に考えて下さい。

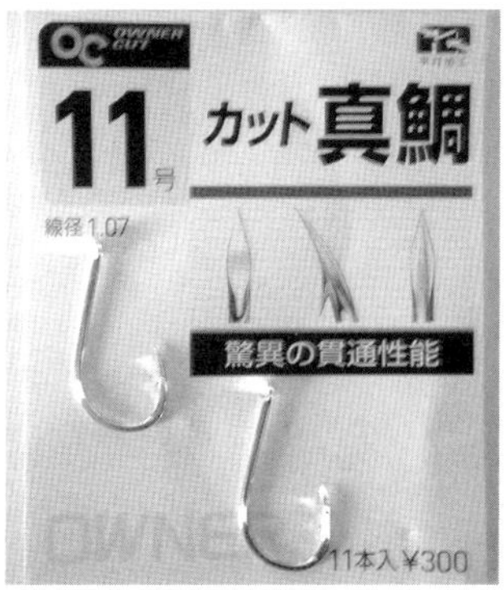

エサ

最後にエサですが、テンビンフカセ釣りでは、付けエサ、マキエサともオキアミを使用します。付けエサのオキアミは、抱き合わせか1匹掛けにします。活性が高い春と秋には抱き合わせにして、エサの存在をアピールしてください。

抱き合わせの付け方は、最初の1匹目は尾を切って付けます。

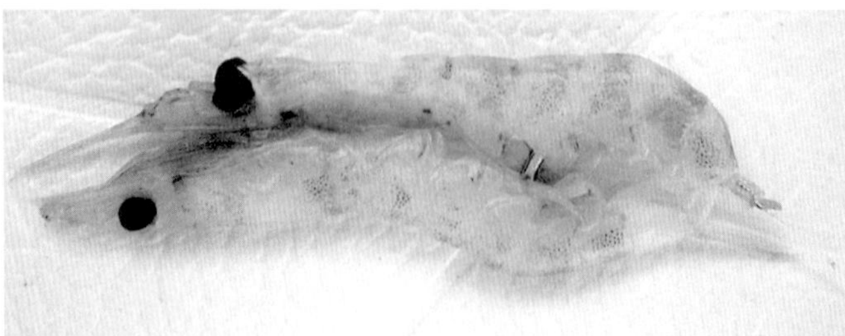

もう1匹は尾の硬い部分にハリ先が食い込むようにすると、安定します。そしてオキアミは付けエサ用の3Lサイズをお勧めします。

1匹掛けの付け方には2種類あり、その一つは、オキアミの尾を切って、その切った尾から頭に沿ってハリの形に付けます。
この方法は厳冬期の非常に活性の低い時に有効です。

1匹掛け

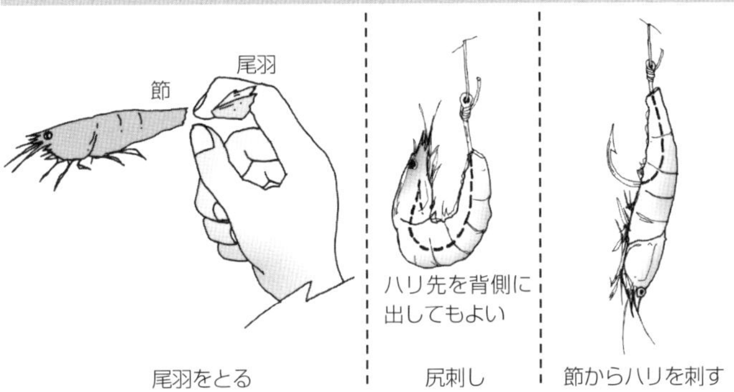

もう一つは、抱き合わせの最初の1匹だけで釣る方法ですが、エサのオキアミが取れやすいため、潮流の速いマダイのポイントではあまりお勧め出来ません。1匹掛けは、ともに活性の低い時の食い渋り対策のため、オキアミはLかMサイズを使用します。そして付けエサのオキアミは、必ず目の付いたものを使って下さい。付けエサの絶対条件です。

マキエサのオキアミは、冷凍のブロックを解凍して使用します。小さいもので十分ですが、黒くなっていたり、形が崩れているものは好ましくありません。マキエサは、マキエサカゴに50%程度詰めて使用します。

この単純で、簡単なタックルとオキアミで、マダイ、マグロ、ワラサ、ホンガツオ、メダイ、イサキなどたくさんの魚を釣ることができるのです。

皆さん　出航準備は？

ボート免許は取得しましたか？
ボートは購入しましたか？
艤装は十分ですか？
ボートの保管場所は決まりましたか？
ボートの操船は大丈夫ですか？
お魚の生態や行動は把握していますか？
釣り場、釣り方の情報は収集しましたか？
ポイントは選定済みですか？
タックルは準備出来ていますか？

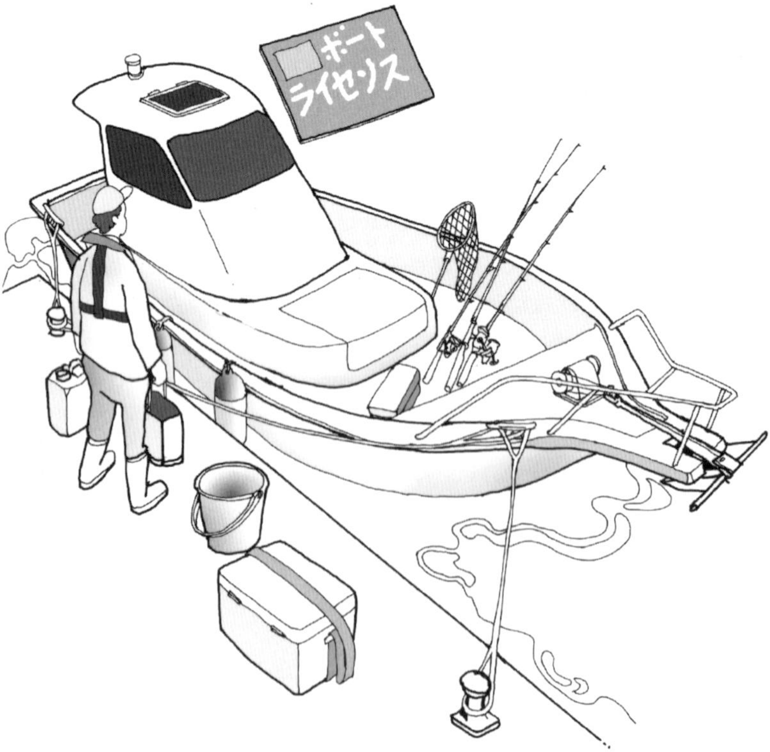

第2章　**実釣編**

アンカリング

第１章ではおおよそのポイントを選定しました。従って次のステップは、実際にそのポイントへ行き、そして釣りをするためのピンポイントを探すわけですが、その前に私は、ボートにマッチしたアンカーの選定と、アンカリングの練習をお勧めします。

アンカーの選定

せっかく見つけたピンポイントにアンカリングできなければ、第１章の準備も意味がなくなります。また風が強く、潮が速いと意外な速度で流されます。そんな環境のなかで、アンカーを引き上げ、再投入をくりかえしていては釣りになりません。それどころか、周りの船とのトラブルにもなりかねません。

ということで、まずはアンカーの選定ですが、アンカーの基本は形状と重量です。形状は写真をご覧いただければお分かりいただけると思いますが、私はこの2種類のアンカーをお勧めします。

右の写真のアンカーは起伏の大きい岩礁帯向きです。細い爪が、起伏部にしっかりと食い込みます。そしてアンカーを回収する時も、ボートの力を利用して引っ張ると、爪が伸びて簡単に外れ、鉄パイプがあれば、すぐに元に戻せます。

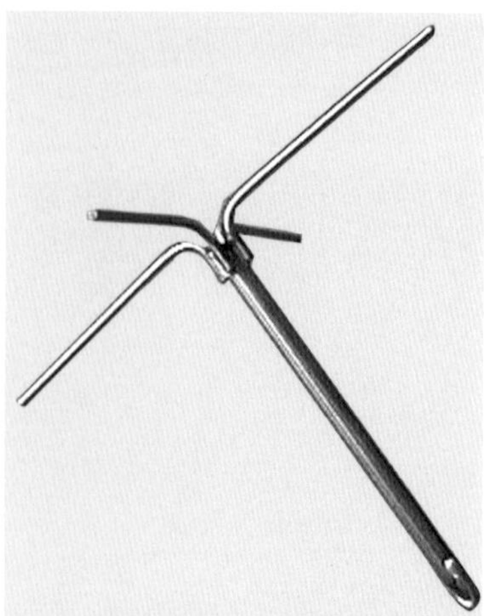
起伏の大きい岩礁帯向き

下の写真のアンカーは、起伏の小さい岩礁帯あるいは岩礁帯周りの砂礫底に適しています。

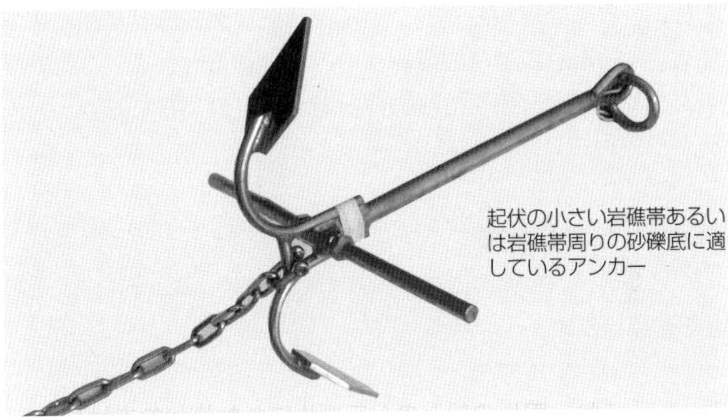

起伏の小さい岩礁帯あるいは岩礁帯周りの砂礫底に適しているアンカー

とても利きが良いアンカーですので、あまり険しい岩礁帯では、回収に苦労することがあります。回収の方法は、ボートで引っ張ると、アンカー上部に結んでおいたチェーンの結び目が写真のように切れて逆方向から引き上げることができます。

チェーンを上部に結ぶひもの太さは直径3mm前後が最適と思います。

この2種類のアンカーと一般的なダンフォースアンカーがあれば、事足ります。

ポイントに到着したらボートを止めて、流れる方向を確認します。方向が決まれば、流される方向と逆方向にボートを走らせます。魚探を見ながらピンポイントを探すわけですが、ピンポイントの決め方はこの後詳しくご紹介するとして、ここではピンポイントを発見した後のアンカリングの手順をお話しします。

アンカリングの手順

ピンポイントを見つけたら、すぐにGPSへプロットし、その上を通過します。

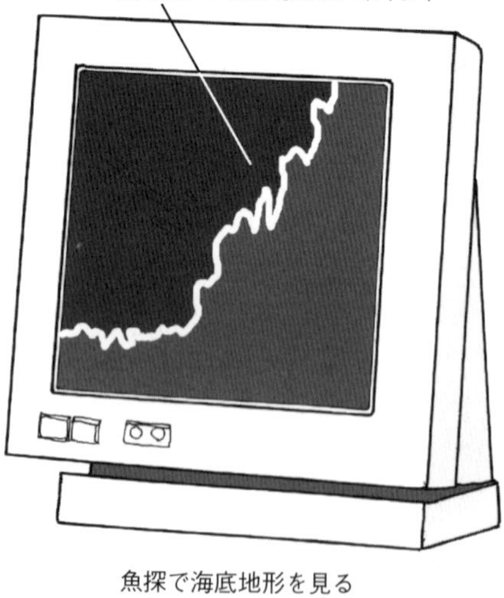

魚探で海底地形を見る

通過後の走行距離は、その時の風速や潮流の速度で変わってきます。走行距離あるいは時間は、先ほど確認したボートの流され方チェックから推測して、アンカーを投入します。

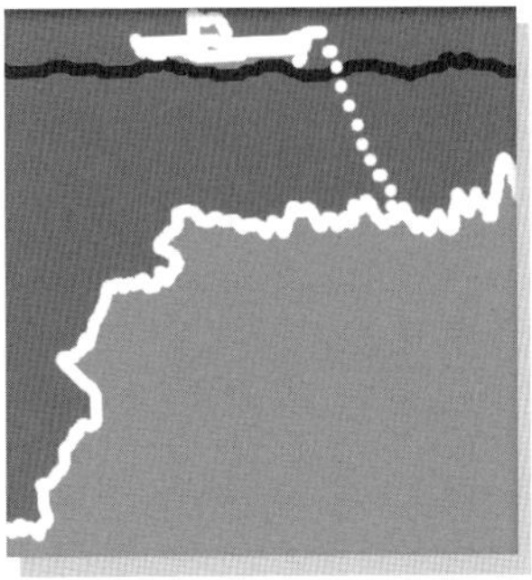

急なカケアガリの途中から頂上付近にアンカリングするイメージ

ポイントを通過後アンカーを投入

アンカーの投入

通常、ボートと一緒にアンカーも流されるため、ポイントのチェック時よりもう少し先へ行ってからアンカーを投入することが必要です。

アンカーを流されにくくするためには重量アップが最適ですが、引き上げを考えた場合、23〜25フィートのフィッシングボートだと5kg前後をお勧めします。さらに掛かりを良くするために2〜3mのチェーンを直結し、そのチェーンにアンカーロープを結びます。

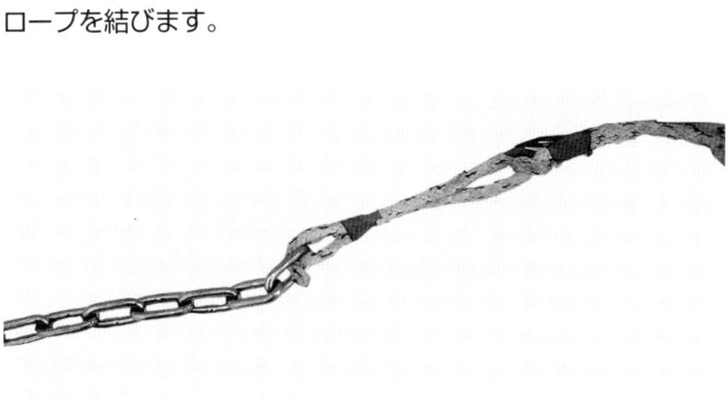

アンカーが海底に着地すると、ロープも止まります。それから、水深の30%ほどの長さを手で送りだします。

そしてロープが伸びきるまでボートをバックさせます。

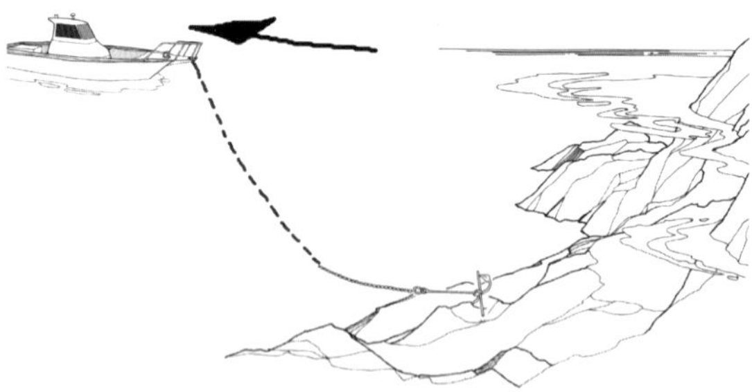

それからロープを手で引っ張り、アンカーが掛かったかどうかを確認します。

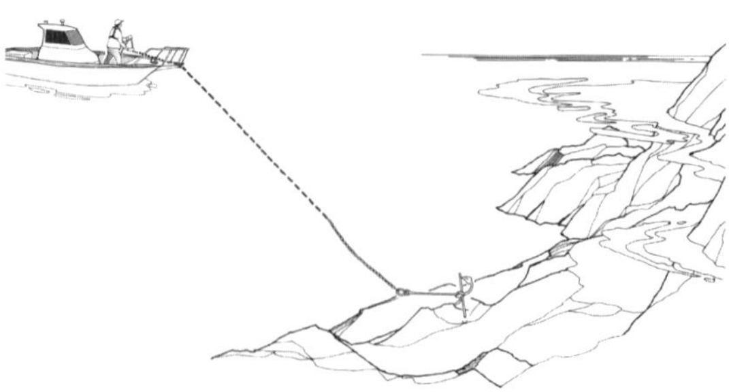

アンカーが掛かったことが確認できれば、それからさらにロープを出します。ロープの長さは、風速等にもよりますが、水深の1.5～2倍近くは必要です。

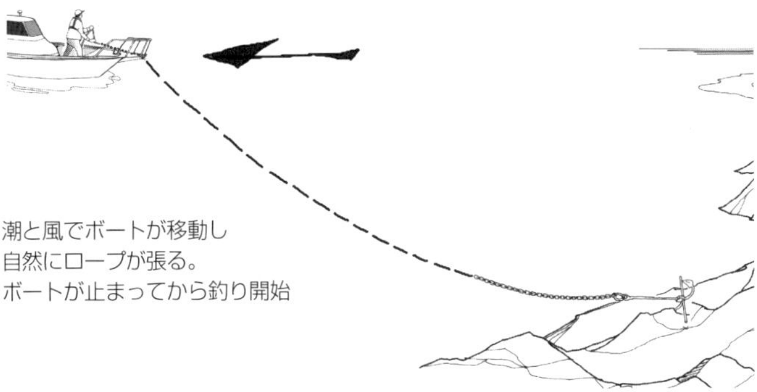

潮と風でボートが移動し
自然にロープが張る。
ボートが止まってから釣り開始

次にGPSで、ボートの止まった位置を確認します。

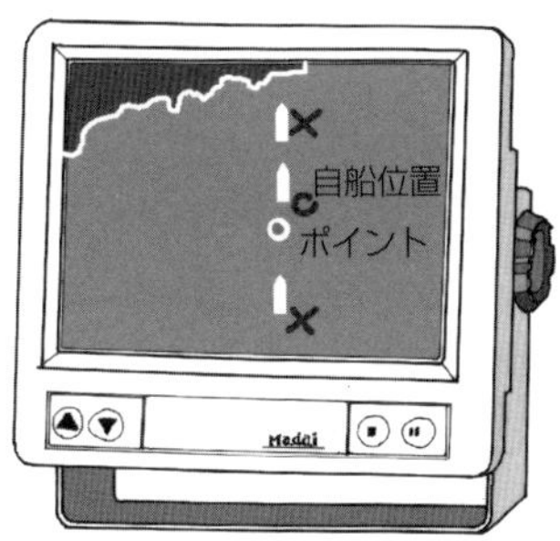

ポイントの後ろはNO GOOD
また前過ぎてもNO GOOD

先ほどのマークから大きく外れているようなら、面倒でもやり直して下さい。

それから、タックルの準備をしながらでも結構ですので、しばらくはGPSあるいは近くの船との位置関係を注視して、流されていないかどうかの確認を怠らないようにして下さい。

アンカーの回収

まずアンカーロープを右舷前方に固定します。

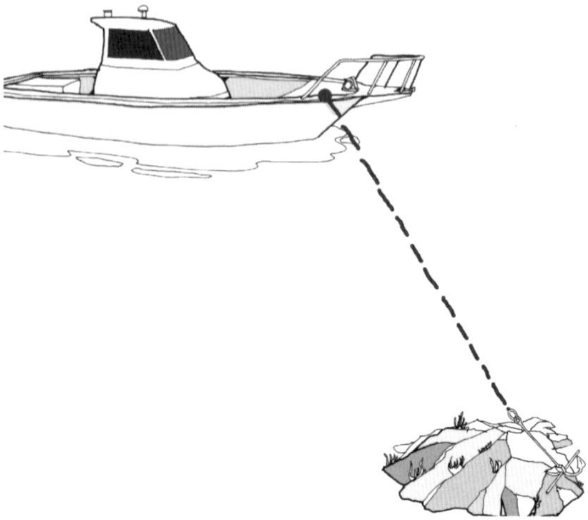

それからボートをそのままの方向でゆっくりとバックさせ、ロープのたるみを取ります。

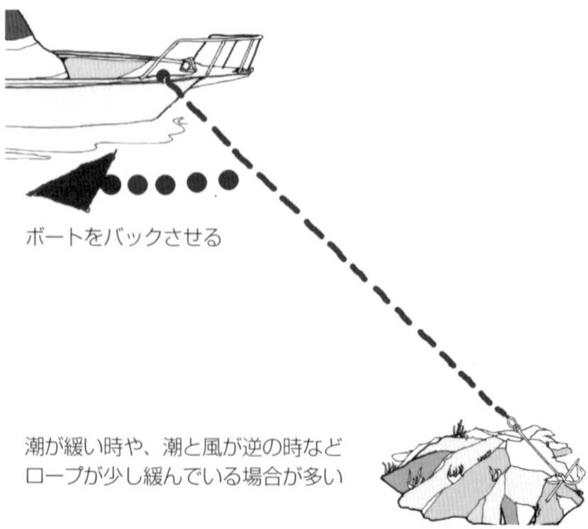

ボートをバックさせる
潮が緩い時や、潮と風が逆の時など
ロープが少し緩んでいる場合が多い

ロープが伸びきったところで前進に切り替え、潮と反対の方向へ徐々に速度を上げながらボートを進めます。ただし、アンカーが外れるまではあまり速度を上げると、船首が海中へ引っ張られる形になって非常に危険です。

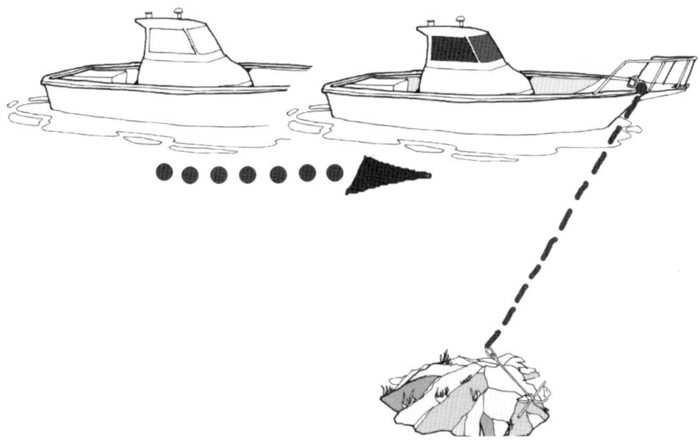

うまく外れない場合は、アンカーを中心に一周すれば、ほとんどの場合外れます。

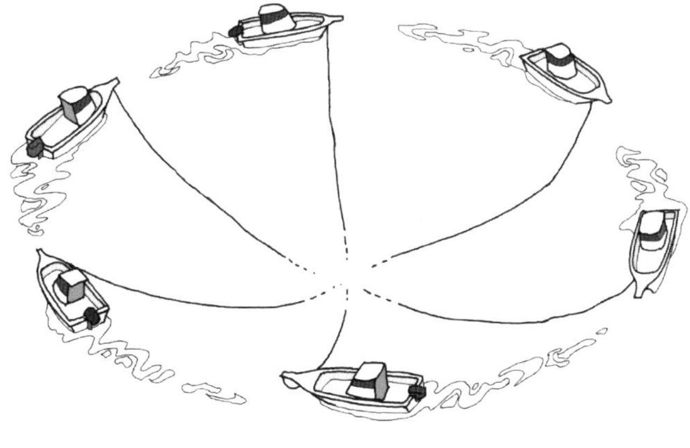

最後にアンカーの引き上げですが、この作業を素手で行った場合は、重労働のためボートフィッシングが嫌いになります。またウインドラスは高価ということで、私の場合は漁師さんの知恵を拝借しました。

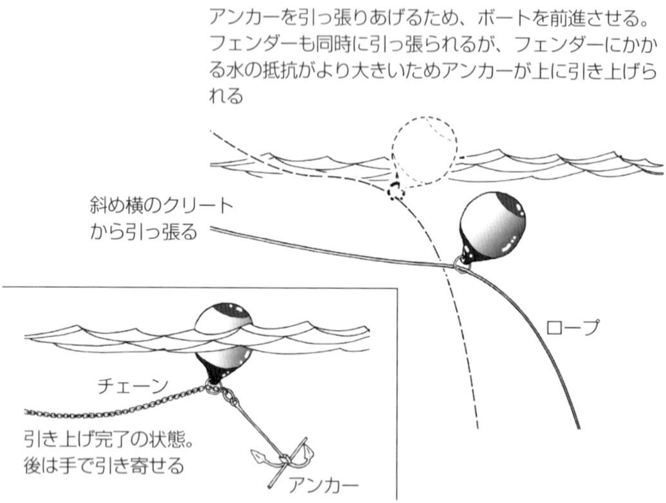

アンカーを引っ張りあげるため、ボートを前進させる。フェンダーも同時に引っ張られるが、フェンダーにかかる水の抵抗がより大きいためアンカーが上に引き上げられる
斜め横のクリートから引っ張る
ロープ
チェーン
引き上げ完了の状態。後は手で引き寄せる
アンカー

上図のような、涙型フェンダーを用いてボートの推力によりアンカーを水面まで引き上げます。

後はロープをたぐりよせるだけです。水深が何メートルあっても同じで、ボートを走らせればアンカーは上がってきます。船が密集しているところでは難しいかもしれませんが、この方法をマスターすればウインドラスは不要です。

このフェンダーは、アンカーが外れたかどうかの確認にも便利です。アンカーが外れていないと、フェンダーは海面から出たり入ったりしていますが、外れると完全に浮き上がります。

またフェンダーは、「私は、アンカーを引き上げています」という、他船へのアピールにもなります。非常に便利なアイテムです。是非一度試してください。

このアンカリングに関しては、十分練習しておくことをお勧めします。アンカーを投入してからボートが止まるまでの感覚を把握しておくことが重要です。アンカリングのノウハウについては、一般的なことは説明できますが、最後のところはそのボートとアンカー固有のテクニックです。練習して習得する以外、方法がありません。

出航の判断

気象情報の確認

出航前には、ボートの点検と燃料のチェック、および通信アイテムの確認は当然ですが、私は必ず気象情報を確認しています。

177の前に市外局番を付ければ、その地域の情報を携帯電話でも聞くことができます。

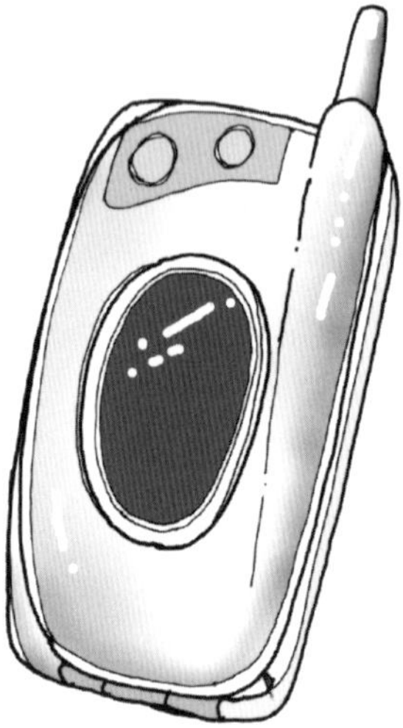

気象情報はAM5:00と11:00およびPM5:00に更新されます。従って出航前だとAM5:00発表の気象情報ということになります。

177の場合は、遅くとも5:05には更新されています。

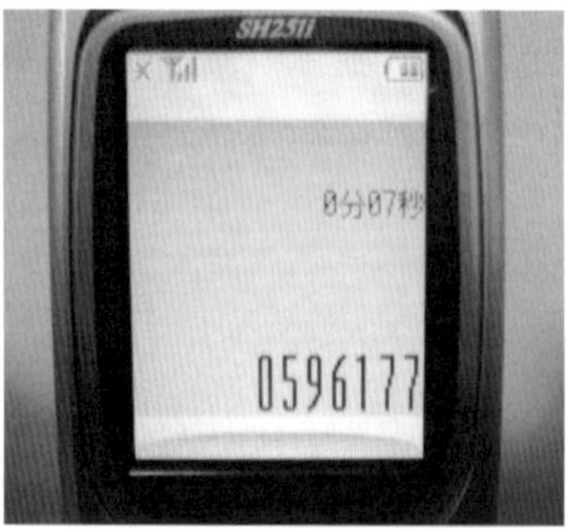

外海で2.5m、内海で1mの場合は、出航を見合わせた方が無難です

その日の波、ウネリの高さが外海で1.5mあるいは2m、内海で0.5mだと安心して出航できますが、外海で2.5m、内海で1mの場合は、出航を見合わせた方が無難と考えます。

たとえ出航できたとしても、沖では風がやや強い状態です。風の影響で思ったポイントにアンカーを掛けることが難しくなります。またボートの揺れも大きく、船首側ではシャワーも幾度となく浴びて、楽しい釣りは望めません。特に釣りを終えた後のアンカーの回収が非常に危険な作業となります。

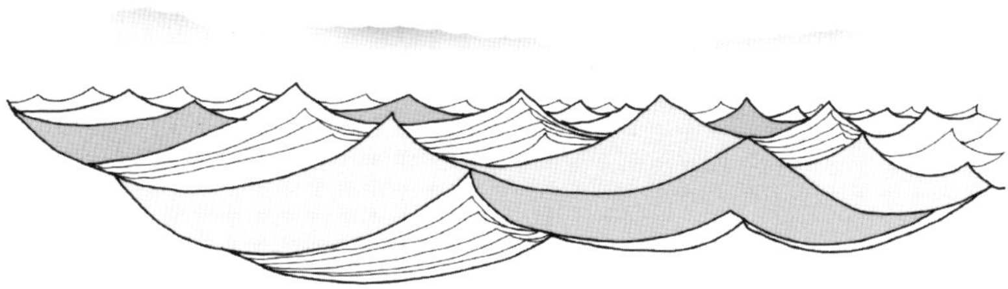

外海で3m以上、内海で1.5m以上の場合は、絶対に出航しないこと

外海で3m以上、内海で1.5m以上の場合は、絶対に出航しないで下さい。当然、前日には気象情報を確認していると思いますが、出航前に、もう一度確認することをお勧めします。

ピンポイントの決定

予測したポイントへ移動

情報と海底図で予測したポイントへ移動します。春の「上りダイ」の場合は、釣り船が集まっていれば、まさにそこはポイントです。迷わずマイポジションを探して下さい。ただし、船団の中へ入る必要はありません。GPSの画面で、あらかじめ予測したポイント（変化の大きいところ、あるいは等深の間隔の狭いところ、沖に向って等深線が突き出ているところ）へボートを進めます。

一発大物のチャンス

少し船団から離れても、予測したエリアの岩礁帯の中であれば、気にする必要はありません。逆に船団から少し外れた方が、一発大物のチャンスが大きくなります。

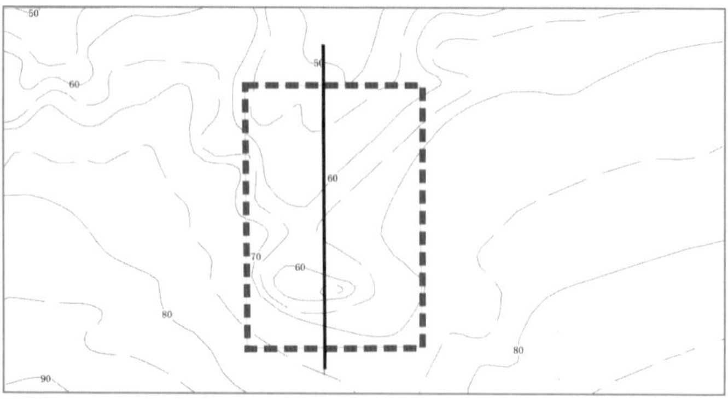

予測したエリア内（四角で囲った部分）

このポイントは、岩礁帯の面積も広く更に等深線が沖へ向って鋭く突き出しています。さらに先端の深場に瀬があります。従って、春の上りダイから始まって秋の落ちダイまで、冬場を除いてマダイが居ついていると思われます。但し季節によってマダイが回遊する場所あるいは水深は当然異なります。このようなポイントは、海底地形図ではピンポイントが限定し難いため、自分で何回も釣行してデータを収集して下さい。

潮の流れる方向

そして近くの釣り船の方向を確認します。船の向きは潮と風のベクトル合力で決まります。潮の流れる方向が確認出来ればベストですが、風があればそれを読み取るのは困難です。従って、魚探を見ながら、近くの釣り船の船首が向いている方向へボートを進めます。

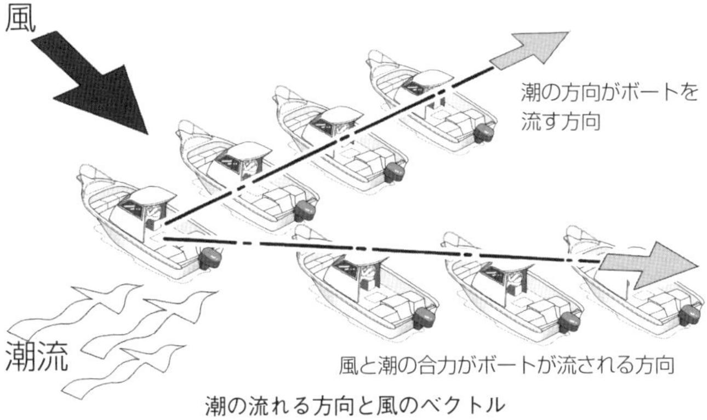

潮の流れる方向と風のベクトル

ピンポイント

そして急なカケアガリ（逆の場合はカケサガリ）で海底の凹凸が激しいところ、あるいは突き出た根を探します。そこがピンポイントです。

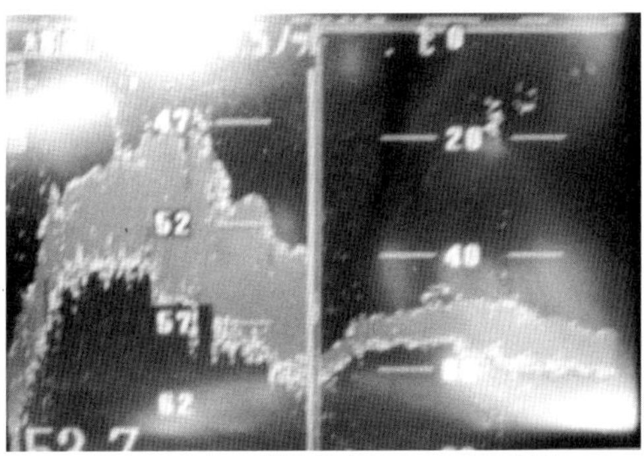

カケアガリ　（魚探画面）　突き出た根

魚影を探すのは時間の無駄

春の上りダイはある程度の群れで移動しますが、アジや小型のイサキのような密集した大きな群れではないため、魚探で反応を探すのは時間の無駄です。海底の地形で判断します。海底の変化が大きいところは、潮通しもよく、エサが豊富なため、マダイの回遊の可能性が高くなります。

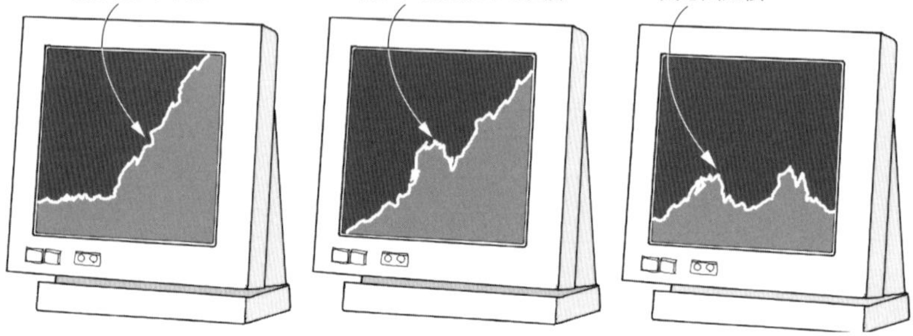

徐々に水深の浅い方へ

ただし、上りダイは産卵のために上って来るため、徐々に水深の浅い方へ移動して行きます。初期は70m付近で、その後60〜50m、40m前後というように、ポイントが変わってきます。従って、その時期にマダイがいる方向へマキエサを流す必要があります。

潮の流れを読んでアンカーを掛ける

カケアガリの浅い方向へ潮が流れている場合は、マダイが回遊している水深より深い場所へ、逆の場合は、浅いところへアンカーを掛けることが重要です。

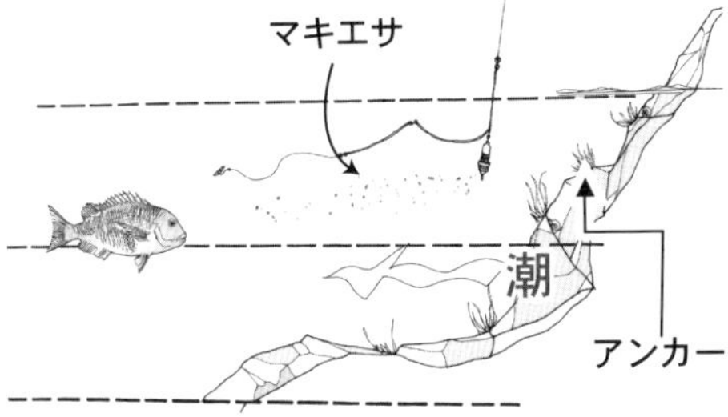

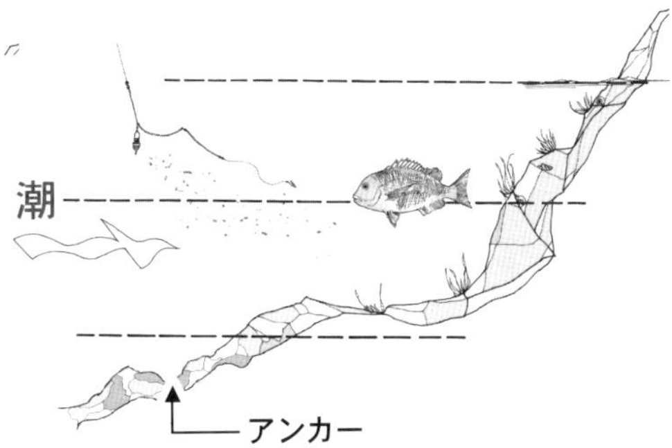

マダイがいる方向へマキエサを流す

予測する

マダイが回遊している水深を正確に把握することは困難です。従って予測するしかありません。春のシーズン、初期なら70m、中盤なら60～50m、あるいは50～40m、終盤なら40～30mですが、その地域によって変わってきます。

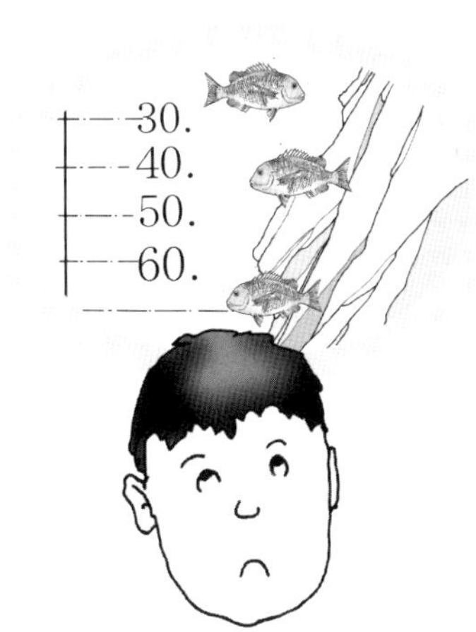

船団の助けを借りる

経験を積んで自分で予測できるようになるまでは、船団の助けを借りて下さい。船団の近くで、その水深を確認します。そしてアンカリング後、潮の方向を確認して自分が着けたボートの位置を把握します。

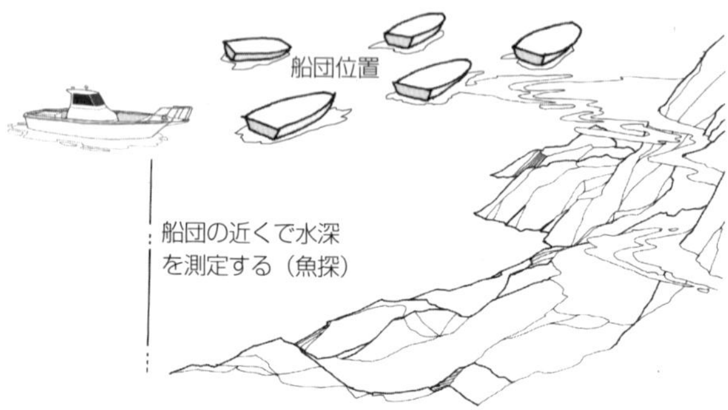

船団の助けを借りる

潮の方向

潮の方向は、一度サオを出してミチイトが出てゆく方向で確認できます。このシーズンは天候さえ良ければ毎週ボートを出して、マイポイントを確定して下さい。

ミチイトの方向で潮の
流れる向きを確認

船の数が少ない場合

次に釣り船の数が少ない場合は、まだマダイが上ってきていないのか、あるいはポイントではないかのどちらかですが、このような時は、とりあえず他に予測したポイントやその周辺を確認してください。

必ず船団を見つけることができる

あなたが収集した情報が正しければ、必ず船団を見つけることができるはずです。どうしても船団を見つけることが出来ないときは、まだ乗っ込みのピークではないと考えて下さい。

移動は、個体の大きいものから始まる

しかし、上りダイの移動は、個体の大きいものから始まる傾向があります。従って、ピークではないということは、一発大型を仕留めるチャンスでもあるということです。

またこのシーズンに釣り船が全く出ていない場合は、そこはポイントではないということです。迷わず次の予測ポイントへ向かって下さい。

春の桜ダイを釣る

ポイントが決まれば、いよいよ実際にサオを出してマダイ釣りのスタートです。

潮の速さによりそのタナが変わる

春は海面から水温が上昇するため、浮いているといわれますが、一概にそうではないようです。潮の速さによりそのタナが変わります。

エサの行動がマダイのタナを左右

エサの行動がマダイのタナを左右する最も大きな要因となっています。潮が緩いときは、底の方を狙います。速くなるとタナを上げるようにしてください。このタナ取りが最も重要なノウハウです。

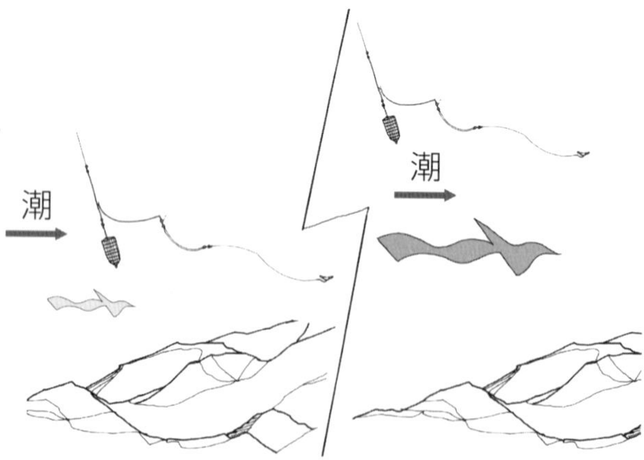

潮が緩い場合

潮が緩い場合を想定してみます。

ハリスは4号、7mを基準にします。

ハリは10号です。

テンビンにマキエサカゴ、オモリ、クッションゴム、ハリスをセットし、ミチイトに結びます。
サオをロッドキーパーにセットし、リールの電源を繋ぎます。
サオ先にテンビンが来る状態までリールを巻き上げ、リセット（ゼロ調整）します。

それからテンビンが手元に届くところまでミチイトを出し、船べり設定をセットします。

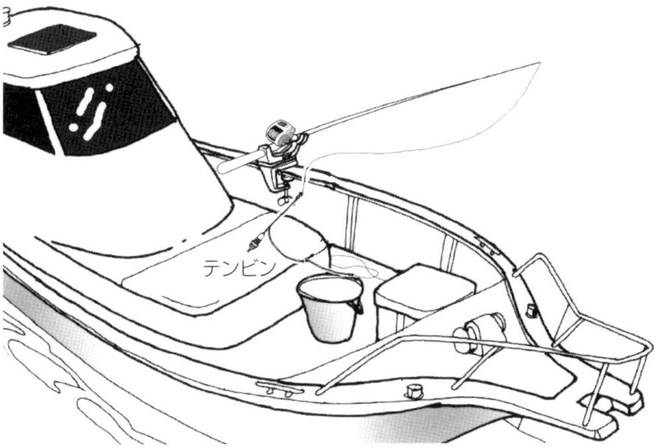

続いてマキエサのオキアミをマキエサカゴに約半分を目安に詰め、ハリにはオキアミを抱き合わせにセットします。

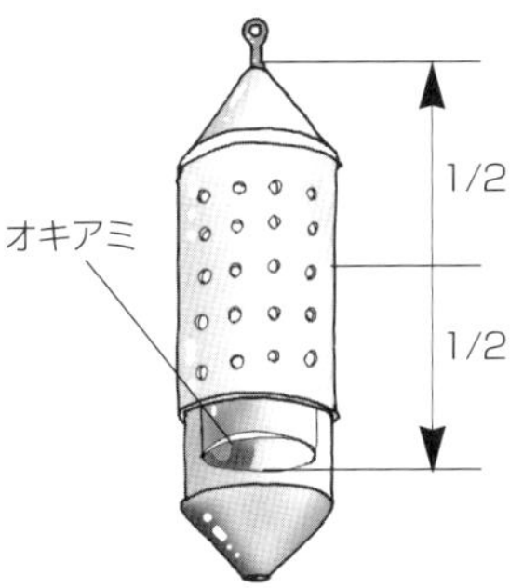

マキエサカゴからは、マキエサのオキアミが少しずつ出て行くように調節します。

仕掛けを上げたとき、詰めた量の10〜20%が残っている状態がベストです。

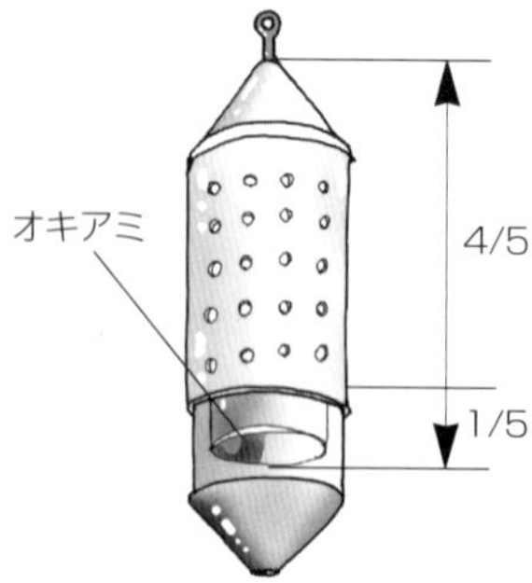

まず右手で仕掛けを投入し、左手でハリスを誘導します。

ミチイトが伸びきったところでリールからゆっくりとミチイトを送り出します。

ハリスは張った状態で誘導します。

そしてハリが手元まで来た時初めて海面へ投入します。

ハリスを緩めた状態で投入すると、ミチイトにからむ可能性が高くなります。

また潮が速い場合はハリスを先に投入しても問題はありませんが、潮が緩い時にハリスを先行させると、後で投入したテンビンに絡んでしまいます。

ハリスを投入した後は、素早く仕掛けを送り込んで下さい。

最初は底に着くまで送り込みます。

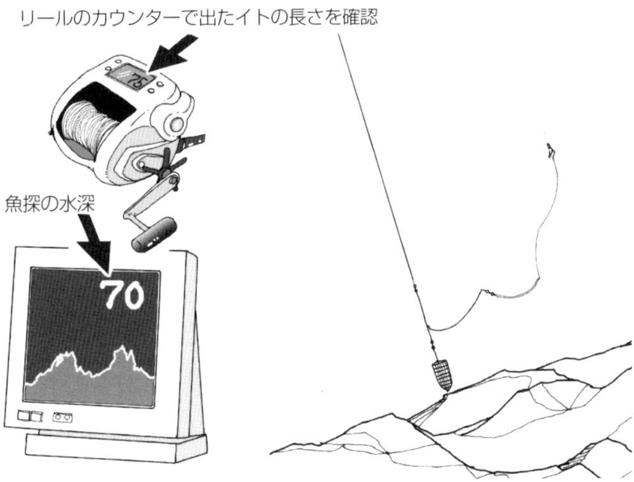

そして出たイトの長さをリールのカウンターで確認し、魚探の水深と比較することにより、潮の速さを予測します。

潮がほとんど動いていない場合は、魚探の水深とほぼ同じになります。

底が確認できたら素早く仕掛けを巻き上げます。ぐずぐずしていたら、オキアミはエサ取りのご馳走になってしまいます。

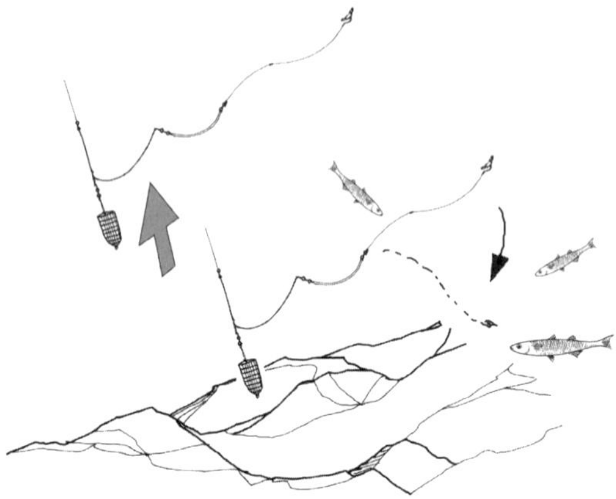

ハリスが落ちるとエサ取りの群れに入る。底近くにはたくさんのエサ取りがいる

巻き上げる長さは、ハリスが7mの場合は7m+5〜7mです。エサが海底から5mほど上にあることをイメージします。

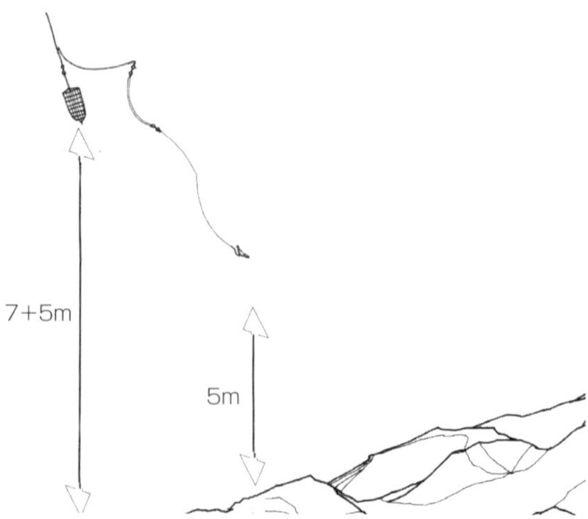

そしてサオを手に持って大きく振り上げ、マキエサをカゴから放出させます。

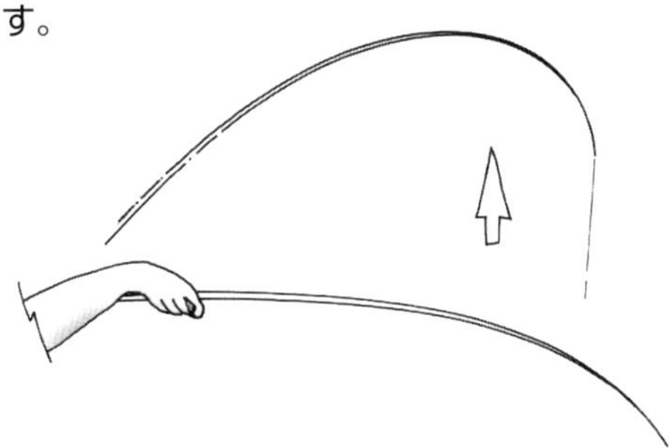

それからサオをロッドキーパーにセットして、マダイのアタリを待ちます。

エサ取りの動向が把握できるまでは、頻繁に仕掛けを上げてエサの状態を確認します。

エサがすぐにとられるようなら、少し（1～2m）ずつタナを上げて行きます。4～5分はエサが残るところがベストです。

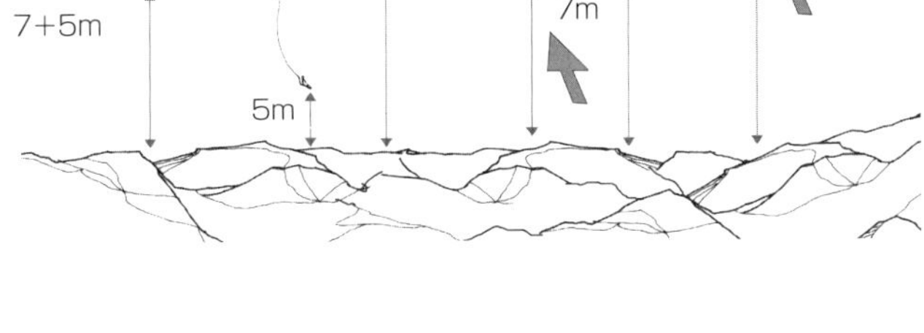

エサが残るタナをリールにセットした後は、そのタナで仕掛けを止めてサオをあおり、マキエサを放出させ、ロッドキーパーにセットする作業の繰り返しです。

ある程度ウネリや波がある場合は、ボートの揺れが誘いになるため、置きザオで十分です。

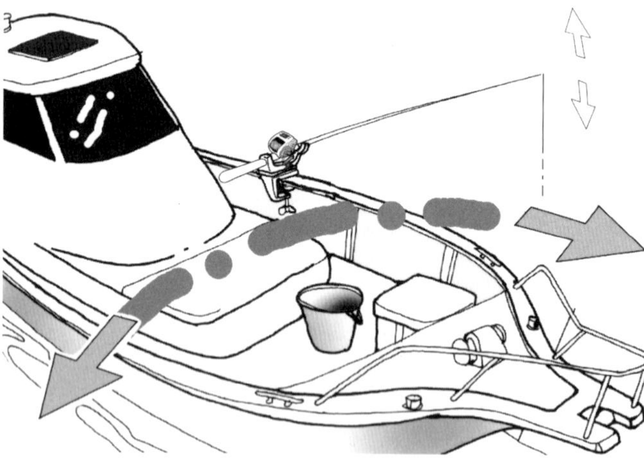

ただしサオ先がピンピンと跳ね上がるようでは、カゴも極端な動きをするため、魚が警戒します。

サオ先がピンピン跳ねると、
下のカゴも不自然な動きを
するため魚が警戒する

サオ先が跳ね上がる場合はロッドキーパーの角度を下げる、あるいはややオモリを重くして、サオ先を下げてください。跳ね上がりが少なくなります。

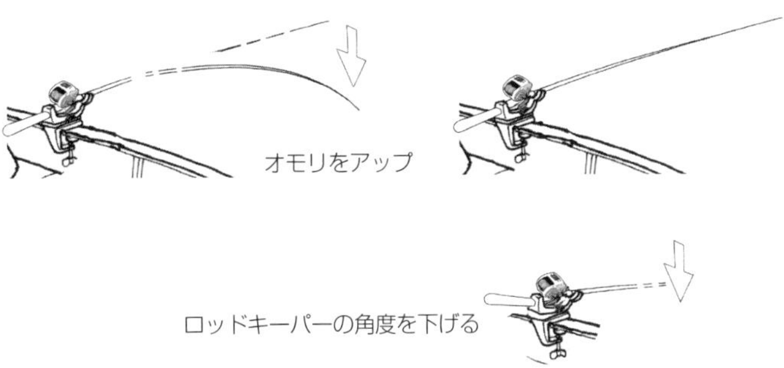

逆に波やウネリもなく凪いでいる時は、時々サオをあおって誘いをかけた方が釣果につながります。特に潮が動いていない時は、こまめな誘いが有効です。誘いはゆっくりと大きくサオをあおって下さい。

時々サオ先をあおって誘いをかける

また自然が相手のため状況は刻々と変わります。潮の動きや風の状況が微妙に変わるだけで、ボートの位置やエサが漂う位置、およびエサ取りの活動も変化します。従ってエサの確認は長くても5分、通常は4分に一度は仕掛けを上げてください。

そしてエサが付いていても、必ず新しいものと取り換えるようにして下さい。エサ取りに取られたのか、自然に外れたのかをはっきりとさせる必要があります。

潮が速い場合

潮が速い場合でも、投入までは基本的に同じです。ただしこのような時は、ハリスは長い方がエサに違和感がなく有利です。

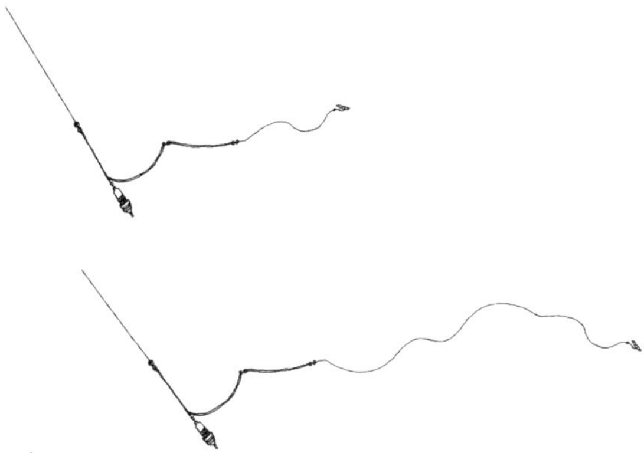

まずは底を取ります。潮が速い時は、魚探の水深に対してミチイトのほうが10m以上出ます。

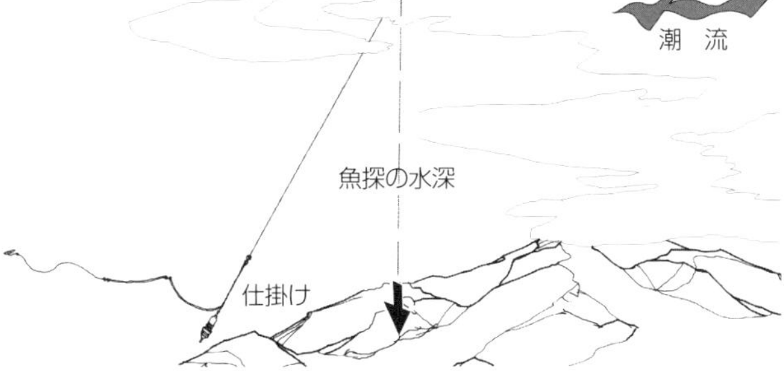

底が確認できたら、ハリス10mの場合は10m+5〜10m巻き上げます。

エサが海底から15mほど上にあることをイメージします。エサが残れば、このタナをキープしますが、エサが取られるようなら、潮が緩い場合と同様に、少しずつタナを上げてゆきます。

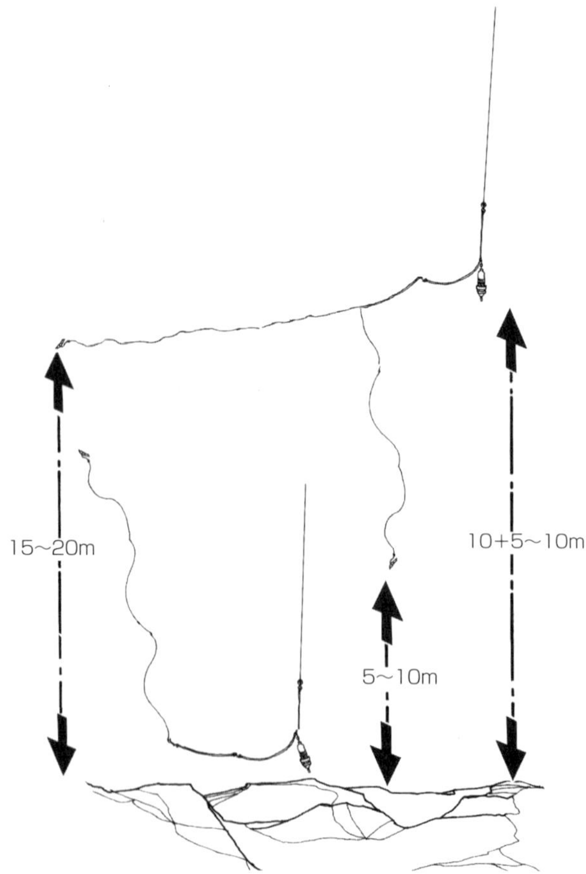

潮が速い時は基本的に置きザオで待ちますが、潮流で仕掛けやエサが少しずつ上ずって来るため、場合によっては途中で仕掛けを数m下げることも有効です。

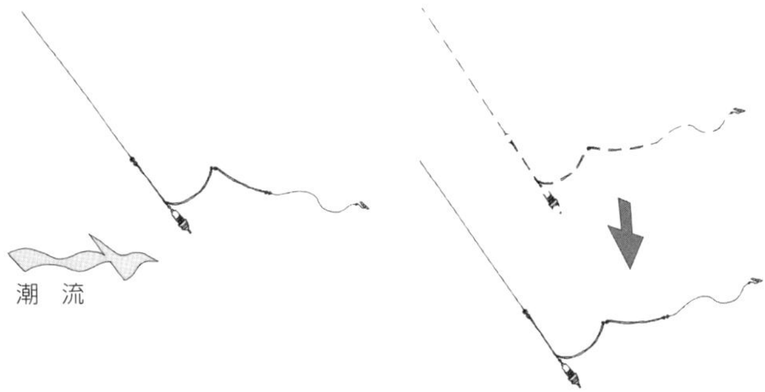

動かした途端にアタリがくることがよくあります。気を緩めずにゆっくりとミチイトを送り出してください。

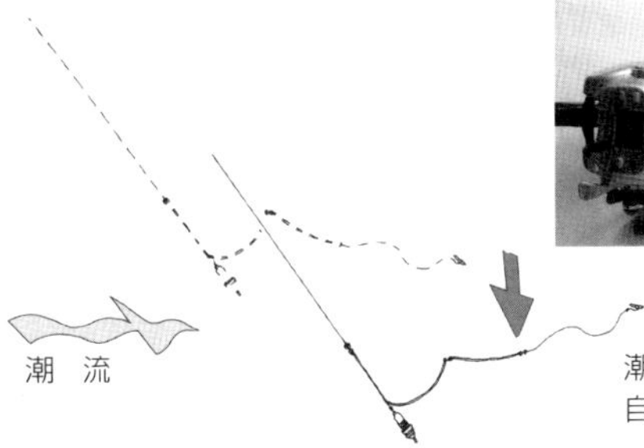

潮と仕掛けの落下でエサが
自然に近い動きをする

ミチイトを数m送り出す

基本的にこの動作の繰り返しですが、付けエサがどのような状態にあるかを絶えずイメージすることが重要です。通常2～3人でサオを出すことになりますが、それぞれ少しずつタナを変えて見るのも良いと思います。そして誰かにアタれば、即座に全員タナを合わせれば釣果アップにつながります。

底狙いが基本

秋から冬は底狙いが基本です。潮の速さに関係なくエサが海底から5m以内にあることをイメージします。

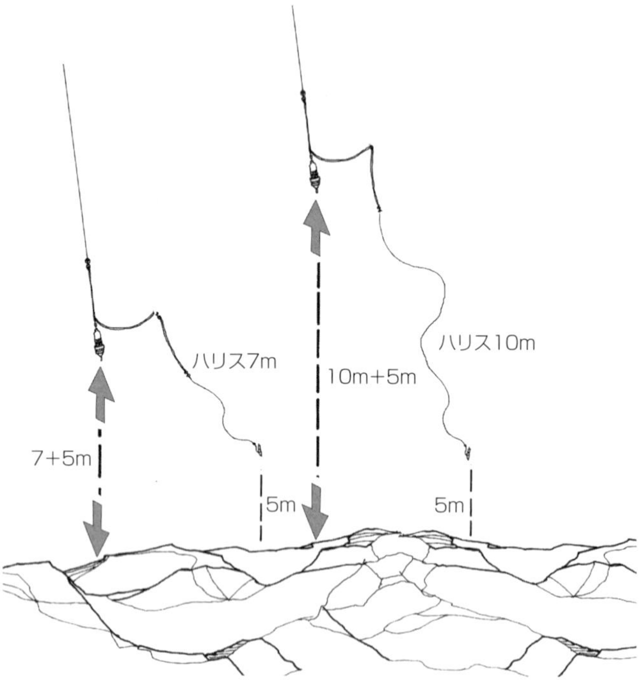

後は春と同じで、エサ取りの状況を見ながらタナを上げて行きます。

ただし、応用編で詳しく紹介しますが、秋はワラサやマグロの幼魚、ホンガツオ等の大物がマダイのポイントへ回遊して来ます。

従ってハリスのサイズは、最低でも5号、6～8号も準備しておいた方が無難です。冬になるとマダイの活性も極端に低下するため、ハリスは3～2.5号がベストです。

アタリは明確

マダイのアタリは明確です。小さな前アタリのあとすぐにサオ先を持って行きます。たとえ小型でも鋭いアタリのため、他の魚と区別することが出来ます。

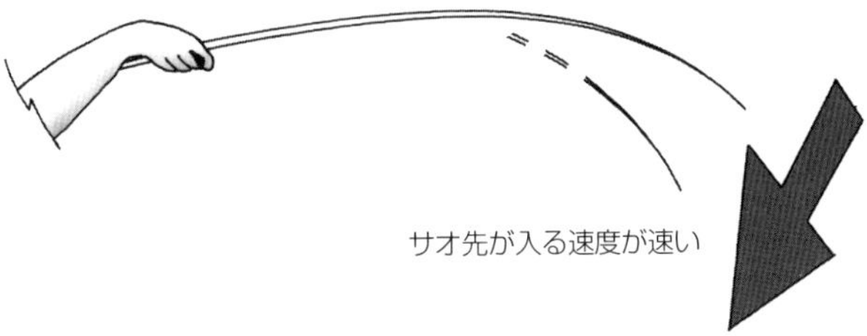

ただ大型のイサキやグレ（メジナ）だとアタリだけでは判断できない場合もありますから、絶対にとは言えません。

私が世話になっている漁師さんの桟橋の中央は大きなイケスになっていて、色々な魚を入れています。エサが残ればイケスの魚に与えることが習慣になっていますが、オキアミを投入するとすぐにカワハギがやってきます。しばらくしてオキアミが沈み始めると、海面の少し下には小アジも集まってきます。

そして次にグレが現れますが、マダイは、オキアミが中層近くまで沈まないと動きません。底の方から浮き上がってきて、エサを捕食すると一気に反転して底の方へ戻って行きます。この動作が鋭いアタリとなってサオ先に伝わるのです。

マダイの三段引き

50cmを超えるとサオ先が海面に突き刺さるようになります。マダイの三段引きとよくいわれますが、最初にアタった瞬間が最も強いヒキを見せます。

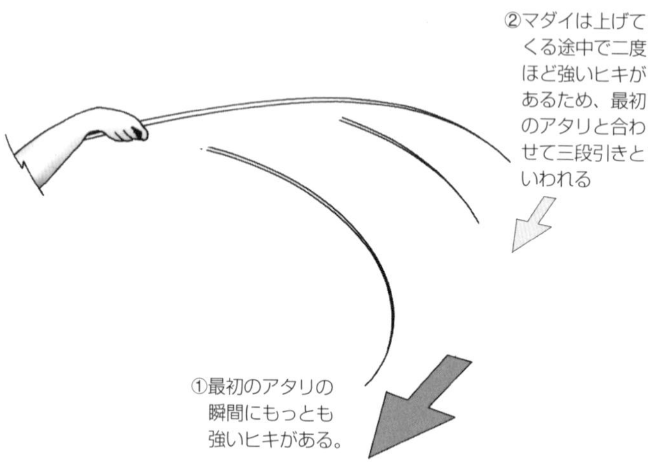

②マダイは上げてくる途中で二度ほど強いヒキがあるため、最初のアタリと合わせて三段引きといわれる
①最初のアタリの瞬間にもっとも強いヒキがある。

ドラグ調整は必要不可欠

リールのドラグ調整は必要不可欠です。基本的には、ミチイトを手で引っ張れば出て行くが、サオをあおっただけでは滑らない程度に調整します。

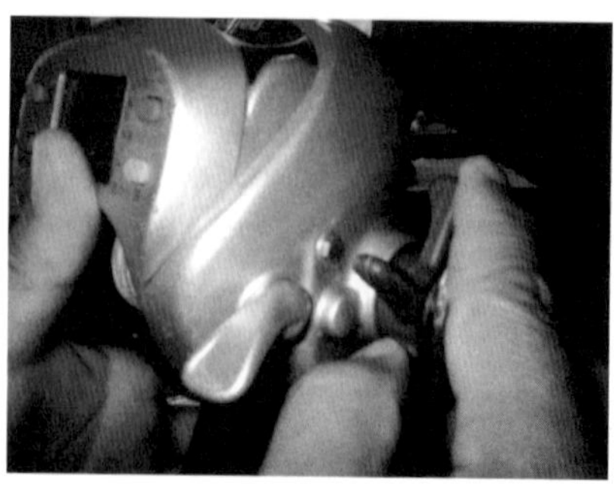

ミチイトの出具合いで大きさを判断

60cmを超えるとリールが逆転して、ミチイトが出て行きます。70cmオーバーともなると、10m近くミチイトが出て行きます。

マダイがアタった時のサオ先やミチイトの出具合いで大きさを判断することができます。

真冬の深場でのマダイは例外

例外は、真冬の深場でのマダイです。水深があるうえに低水温で活性が低いため、大きなアタリはありません。実際のアタリよりもワンランク上のサイズを想定して対処して下さい。

引けば待つ、止まれば巻き取る

40cmクラスでは、魚が引けばリールを止めて、しばらく待てば抵抗が弱くなります。従って、特にミチイトを出す必要はありません。「引けば待つ、止まれば巻き取る」といった調子で、ゆっくりとリールを巻けば、マダイは浮いてきます。

根気よく対処

50cmクラスも基本的には同じですが、極端にヒキが強くなった場合は、手で少しミチイトを送り込んだほうが無難です。60cmを超えるとリールが滑り、なかなか巻き取れなくなります。根気よく対処して下さい。

慎重に対処

経験を積めば、魚のヒキ具合で一時的にドラグを締めて強引に巻き取ったり、緩めてかわしたり出来るようになりますが、初めは慎重に対処して下さい。またサオの位置は低くても海面と平行に、出来れば海面に対して30度ほどサオ先を上げて対処すれば、サオの弾力をいかんなく発揮できます。

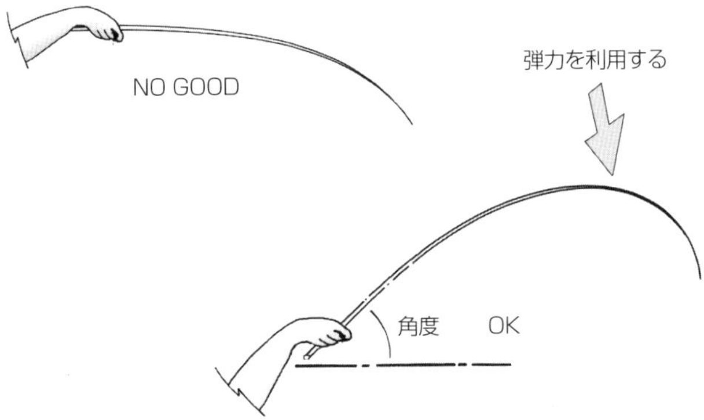

そしてマダイは浮いてきます。

仕掛けが船べりにくる位置で巻き取りをやめます。リールに船べり停止位置をセットしておけば、アラームで知らせてくれます。

仕掛けを船内へ取り込み、クッションゴムを持って引き寄せます。そしてハリスを持ってからはさらに慎重に引き寄せて下さい。

急に反転する場合もある

水深がある場合は、水面に近づくとウキブクロが膨れて抵抗出来なくなってしまいますが、浅い場合は船底を見て急に反転する場合もあります。

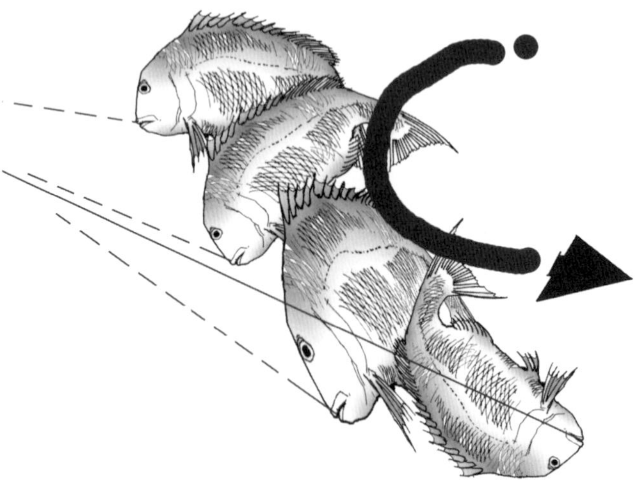

一瞬で切られる

ハリスの状態では、クッションゴムの緩衝もサオの弾力も期待できません。特に大型の場合は一瞬でハリのチモトから切られます。反転したらすかさずハリスを離して下さい。

ハリスを離せば、もつれることなく、ハリス、クッションゴム、仕掛けを送り出せるように丁寧に取り込んでおくことが重要です。うまく手元へ寄せれば、あとは頭からタモですくってもらいます。

column

桜ダイが入れ掛かり

2003年の桜ダイはずいぶん遅く、桜の花も散り「目には青葉 山ほととぎす 初鰹」のころ、ゴールデンウイークに入ってやっと上り始めました。桜ダイと呼ぶにはあまりにも遅い春となりました。

マダイは例年、遅くとも4月中旬には上ってくるのですが、今年はイサキとチカメキントキが釣れただけで、マダイの姿を見ることが出来ません。そして待ちに待ったゴールデンウイークがやってきました。初日は残念ながら天候に恵まれず出航できません。ストレスが溜まります。次の日も風が残っていましたが、AM5:00発表の予報は、北西の風が初めやや強くのち南東の風、波、ウネリの高さは2.5m、後1.5mとなっていたため、ゆっくり出発することにしました。思ったとおり、午前10:00に桟橋に着いたころには風もおさまっていました。また風の方向が北西だったためウネリも残っていません。いよいよ出航の時がきました。

いつものポイントに近づくと、船団が浮かび上がってきました。マイポイントにはすでに他の船がアンカーを下ろしています。このポイントは例年なら船団から少し離れた位置のはずですが、今年は船団が全体に内海側に寄っているようです。仕方なくさらに内海側に回ってピンポイントを探すことにしました。

70mラインからボートを進め、62mラインにちょっとしたカケアガリを見つけましたが、ポイントは非常に小さいようです。うまくアンカーを掛けられるか心配でしたが、キールの効果は抜群です。実はこの春に、船底が比較的フラットなヤマハ・フィッシングメイト23カディからややVハルでキールの通ったタックル24にボートを変更しました。このキールの効果で横流れせず、微速前進で見事に風に立ちました。潮の流れが遅かったことも幸いして、見事にピンポイントにボートを着けることができました。

次はタナを探ります。釣友の鈴木の「スーさん」は上の方から、私は底の方から攻めて行きました。初めのアタリは私に来ました。明確で鋭いアタリです。マダイは向こう合わせのため、あわてることはありませんが、マダイの口は硬く、その歯は強烈です。ゆっくりと大きくアワセを入れないと、確実にハリ掛かりせずに途中で外れる場合があります。また前アタリで合わせると、まだマダイが反転したところで、底へ向かって突っ込んでいないため、スッポ抜けるか、あるいは掛かりが浅く、途中で外れることになってしまいます。

やっと来た桜ダイです。そんなに大きくないようですが、嬉しさが込み上げてきます。上がってきたのは、ピンク色に輝く43cmのマダイでした。マダイをイケスに入れ、チモトを確認します。ごく僅かですがキズがあるようです。あせる気持ちを抑えてハリを結び直しました。これが功を奏しました。

投入するとすぐにアタリです。今度はサオ先が海中に突き刺さりました。アワセをしてリールを巻きますが、滑って巻き取れません。僅かですがミチイトが出て行きます。これは大物です。思わずミチイトを手で送り出していました。途中で何度か反転されましたが、さすがにこの水深だと中層をすぎるとウキブクロが膨らんでおとなしくなってしまいます。従ってタモ入れは一人でもこなせますが、そこは慎重にスーさんに頼みました。タモに入ったマダイはお腹が少し黒ずんだ正真正銘の乗っ込みマダイで、60cmジャストでした。

スーさんもすぐにタナを下げましたが、微妙な違いが運命を分けているようです。私にアタリが続きます。次は57cm、そして45cmクラスをゲットし、１時間足らずで早くも4尾です。スーさんは、40cm弱を２尾と寂しい限りです。何度もタナを変えてい

column

ましたが、合わなかったようです。

「小さいのがお好きなようですね」などとからかっていると、徐々に潮が動き出しました。このあたりは海流の影響が強く、一度動き出すとすぐ激流です。そして私は唖然としました。なんと潮はスーさんの方向へ流れ出しました。一転して、スーさん絶対有利の状況です。潮が動き、エサ取りも浮いてきました。徐々に仕掛けを上げて行きます。

突然スーさんは立ち上がりました。無言ですが顔は引きつっています。見るとサオが見事に半月を描いています。突然の激流で立場は逆転しました。その後、立て続けにスーさんのサオが入ります。アッという間に45〜55cmを6尾も釣り上げてしまいました。その間に30cm前後のイサキも回ってきて、ほとんど入れ掛かり状態です。

氷も少ないためそろそろ帰ろう、ということになりました。サオ頭のスーさんが魚をシメます。イケスにはマダイが12尾にイサキが10尾ほどいます。スーさんは汗だくで魚をシメました。やっとシメ終わったので、私も仕掛けを上げようと思い、リールの自動巻き取りのスイッチを押しました。リールは高音でミチイトを巻き取っています。いや巻き取っているはずですが、リールの音がいつもと違うため、もう一度じっくりとリールを確認して、びっくり。音だけでミチイトは巻き取れていません。サオ先も海面に入ったままです。あわててサオを手にして再び、びっくり。なんとマダイが食いついています。巻き上げようとして仕掛けを動かしたその一瞬、マダイが飛びついたようです。巻き取るタイミングが絶妙な誘いになったようです。ただし、マダイが反転できず、また合わせのタイミングも合わなかったため、ハリ掛かりは唇の皮一枚の際どい状態でした。上がってきたのは本日一番の色鮮やかな50cmオーバーのマダイでした。ただスーさんは、ため息をつきながら再び魚をシメることになりましたが。

第3章　**応用編**

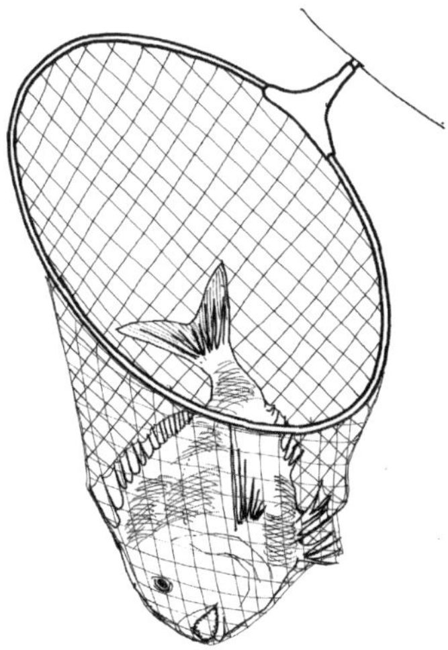

秋のポイント

春と秋

マダイには、春と秋、2回のシーズンがあります。

春は産卵、秋は越冬を控えて体力をつける必要があるため、捕食活動が活発化して釣りやすくなります。

秋のマダイ

基本的には春の逆と考えて下さい。夏場のマダイは主に水深20〜50mの岩礁帯あるいは砂礫底等広範囲に散らばっています。

そして秋を迎えると、越冬準備のため捕食活動が再び活発になります。春とは逆に、浅場から越冬場所の水深が80〜150m以上の岩礁あるいはその周辺へ落ちてゆきますが、春と同じくその途中の捕食場所がポイントとなります。

ポイントは春に比べると広範囲

春の場合は限られた範囲の越冬場所から、ほぼ一斉に産卵場所へ移動しますが、秋の場合は広範囲な場所から適宜越冬場所へと移動します。従ってポイントも春に比べると広範囲に拡散します。

春のポイントに行けば、釣れないことはありませんが、確率は低くなります。従って、春のような大船団は見られないと思います。マダイは必ず春のポイント周辺で捕食活動をするはずですが、春と秋では潮や水温の状況、あるいはそれらにともないエサの生息場所も異なり、その関係でポイントも微妙に変わってきます。

春のピンポイントを海底地形図に記入して、その周辺をチェックしながら秋のポイントを予測して下さい。

秋は外海へ向かってカケ下がっているところ

秋は浅いところから深い場所へ移動するため、外海へ向ってカケ下がっているところがベストです。

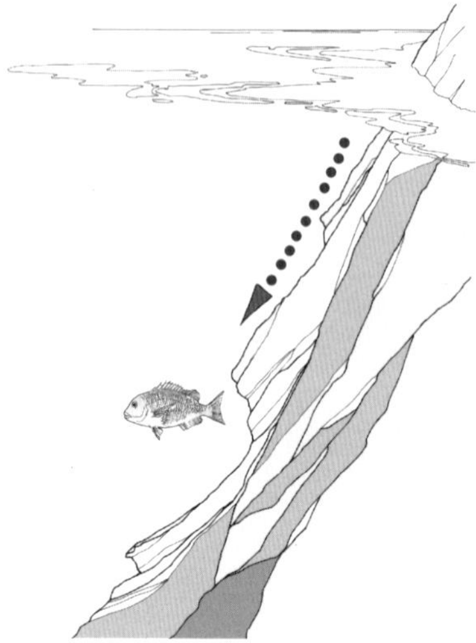

ちなみに秋のシーズンは、10～12月です。水深は、春同様その地域により異なりますが、10月は30～40m、11月は40～60m、そして12月は60～70mが目安です。

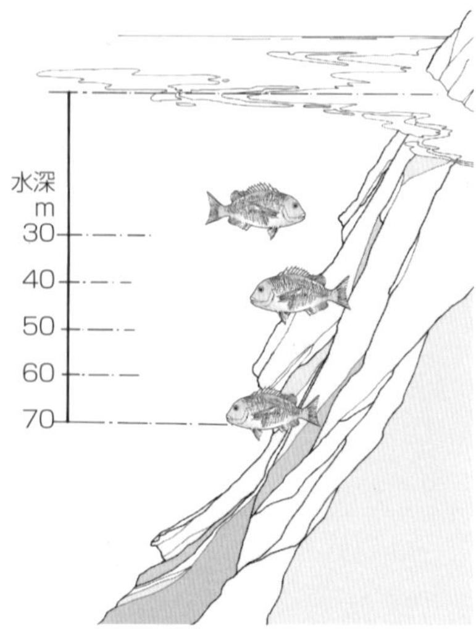

潮が流れている時は根気よくねばる

潮が沖へ向かって流れている時は少し浅い方へ、逆の潮の場合は少し深場へアンカーを掛けてマキエサでおびきよせます。潮が止まっている時はマキエサの効果は少ないため、釣れない場合は、ボートの機動性を生かして頻繁に移動した方が釣果につながります。潮が流れている場合は、少なくとも3時間は根気よくねばった方がよいと思います。

越冬マダイ

1～2月の越冬マダイの場合は、アンカリングが可能な深さ、つまり水深80～90m付近にボートを掛け、水深の深い方へ向かってマキエサを流し、マダイをおびき寄せます。従って、深い方向へ潮が流れていることが前提となります。逆の場合は、居付きのマダイを狙うことになり、釣果は望めそうにないためポイント移動をお勧めします。

ポイント予測❺

ポイント予測❺の海底地形図は、下に向かってが沖側です。黒い実線のところを見ると、沖へ向かって一気に深くなっている様子が分かります。

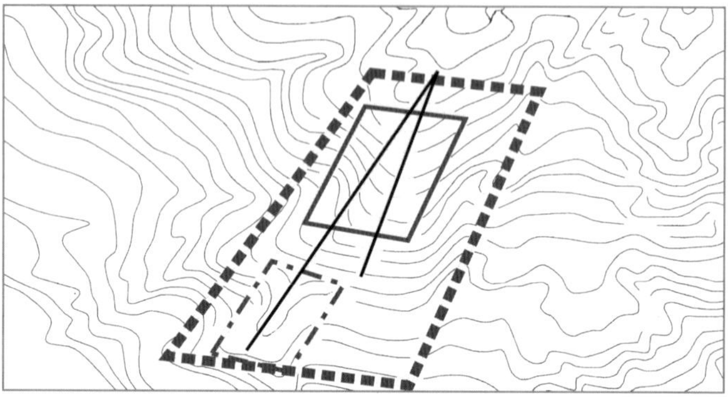

ポイント予測❺

ポイントは太い鎖線（━ ━）で囲ったところで、非常に広範囲ですが、秋は下図上側の太い実線で囲った辺りです。

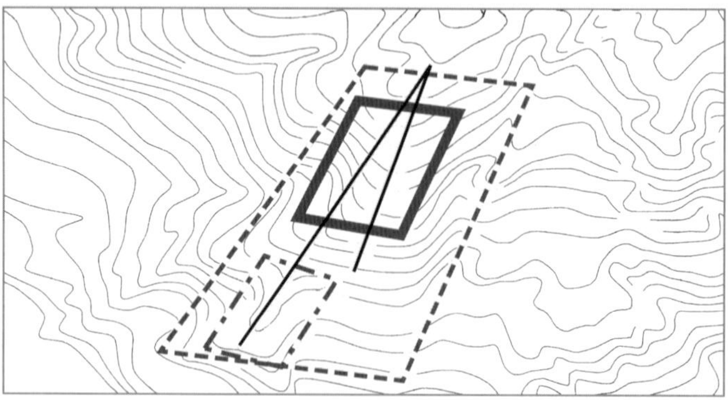

秋のポイント

冬のポイント

冬になるとマダイは深場へ落ちて行きます。従って、下に一点鎖線（━ ・ ━ ・ ━）で囲った辺りへポイントも移動します。このポイントは、秋から冬場のベストポイントですが、沿岸へ向かった場所がないため、春の上りダイに関してはベストとはいえず、単なる通過点にすぎないと思われます。

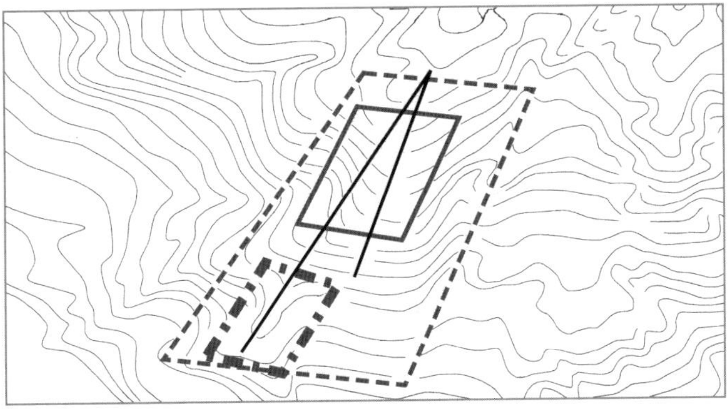

冬のポイント

秋のマダイを釣る

タイシャブ

秋から冬にかけて水温が下がってゆきます。そして水温の低下とともにマダイも美味しくなって行きます。

刺し身や焼き物は当然美味しいのですが、なんと言ってもこの季節はタイシャブです。低水温で身が締まり、脂もほどよく乗った最高の味を心行くまで楽しめます。

タックルは春と同じ

タックルは基本的に春と同じです。但し前の章でも少し触れましたが、青ものが回ってくるためハリスは5号、場合によっては6～8号をお勧めします。ただあまり太いハリスにするとマダイの食いは極端に落ちるため、選択が難しくなります。

底から5mくらい上に付けエサ

私は過去の経験から、大物が回ってくれば一度は切られることを覚悟して、5号からスタートしています。

秋のタナは底近くです。潮の速さに関係なく、底から5mくらい上に付けエサがあるようにイメージします。

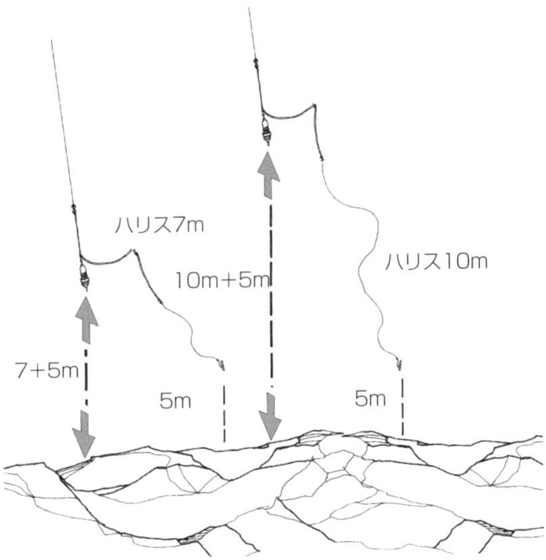

少しずつタナを下げる

そしてエサが取られるようなら、少しずつタナを上げて行きます。春同様4～5分を目安にエサを確認し、エサが残るギリギリのところを見つけてください。そして手返しを繰り返します。逆に5分以上経過してもエサが残るようでは、魚はいないということです。春はエサ取りなど他の魚が全くいないような中層近くでもマダイは釣れますが、秋はエサ取りとマダイは殆ど同じタナを遊泳しています。特に小型はその傾向が強いようです。従って、エサ取りがいなければマダイもいないと考え、少しずつタナを下げてください。

秋は底から探る

また春には、2人で釣りをする場合などは、1人は上から、もう1人は底のほうからタナを探ることも1つのテクニックとしてご紹介しましたが、秋の場合は底から探ることをお勧めします。

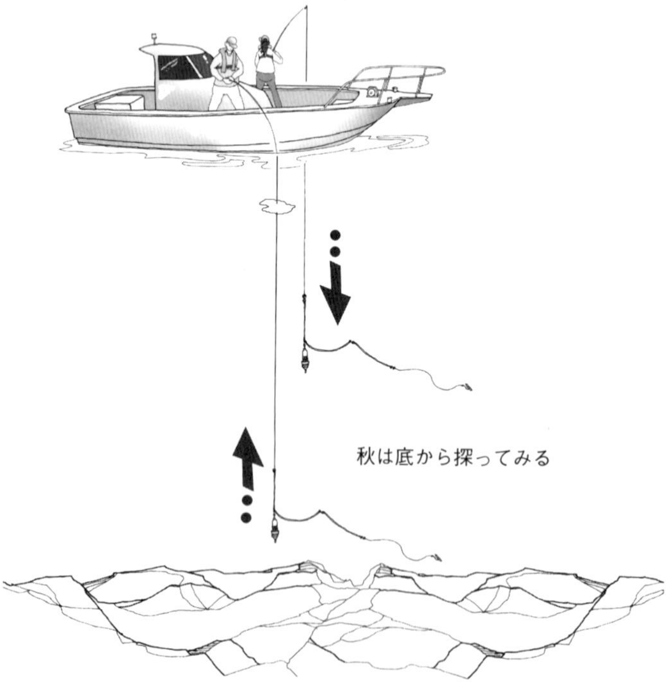

秋は底から探ってみる

特に大物は底近くにいる可能性が高いと思われます。水温が下がればますますその傾向が強くなります。特に1～2月の越冬マダイの場合は、底近くの海底付近で釣れることがよくあります。

秋はタナが深くなる

秋は水温の低下にともない、タナが深くなります。またマダイの活性も低くなるため、アタリは小さくなりますが、油断は禁物です。

そして晩秋から冬場になると、食いが浅くなるためハリスは2.5〜3号、ハリもマダイ9号前後に下げないとなかなか食いついてくれません。

エサのオキアミもハリのサイズに合わせて小さくします。特に1〜2月の越冬マダイは、抱き合わせ等では頭だけかじられてハリ掛かりしない場合があります。このような時は一匹をハリの形に沿って付けると効果があります。

頭部だけかじられる

食いが浅い場合のエサ付け

春の50cmクラスのアタリが、60cmオーバーと言うことがよくあります。アタリは小さくても、60cmオーバーともなるとその後で強い引き込みが来ます。ハリスも細くしている場合は、油断していると簡単にハリのチモトで切られてしまいます。

青ものを釣る

マダイのポイントで

秋になるとマダイのポイントへ青ものが回ってきます。

その年あるいは時期によって魚種は異なりますが、ホンガツオ、ハマチ、ワラサ、クロマグロやキハダの幼魚（幼魚と言っても大きいものでは90cmほどあります）です。

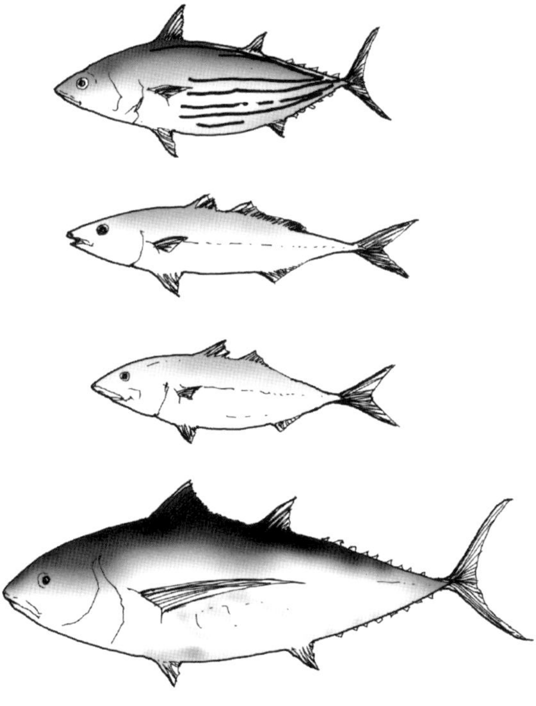

青ものが回って来ると漁船や遊漁船でいっぱいになりますが、ボートアングラーはあえてそんな集団の中へ入り込む必要はありません。ナブラの真上で釣った方が当然釣果はアップしますが、我々の場合は、家族へのお土産が出来、近所や友人に自慢できれば十分です。マダイのポイントでマダイを釣りながら待つことにしましょう。

ホンガツオ

まずはホンガツオですが、ハリ掛かりすると一気にサオをもってゆきます。中型以上ではドラグをかなり緩めておかないと、一発で切られてしまいます。当然マダイ狙いのため、最初はあっけなく切られることになります。ホンガツオがくれば、いきなりサオが海中に突き刺さります。それを見てあわててサオを持とうとしますが、すでにサオ先がむなしく跳ね上がっています。

ホンガツオ

ドラグを緩めて（マキエサをマキエサカゴから出すために、サオを大きく振り上げるとミチイトがゆっくりと出るくらい）、ハリスも6号以上に取り換えます。今度はサオが海中に突き刺さると同時にスプールが逆転してミチイトが勢いよく出て行きます。

第3章 応用編

サオを手に持って少しずつドラグを締めながら魚が弱るのを待ちます。最後まで慎重に、走ればドラグを緩めてミチイトを出し、止まればドラグを締めて巻き取ります。マイボートの特権です。オマツリの心配、船頭や同乗者に気を使う必要がありません。ゆっくりとやり取りして下さい。

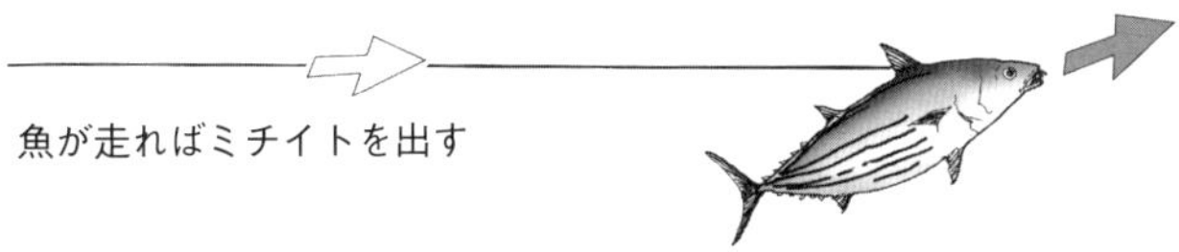
魚が走ればミチイトを出す

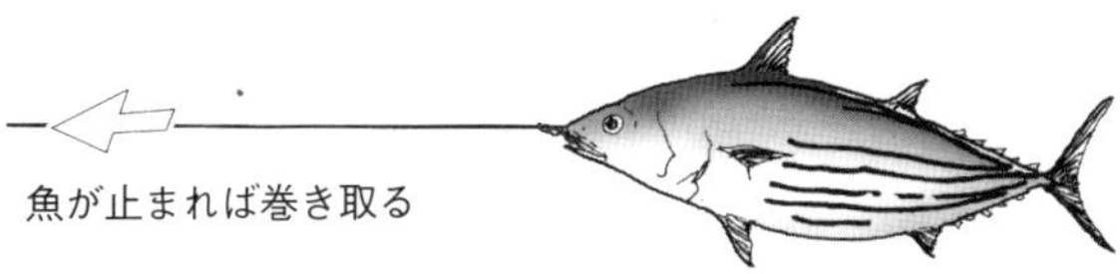
魚が止まれば巻き取る

ハリスを持ってからが最大の試練

そしてこれは青もの共通ですが、ハリスを持ってからが最大の試練です。カツオが走ればハリスを出して、クッションゴムの弾力を利用して魚が弱るのを待ちます。

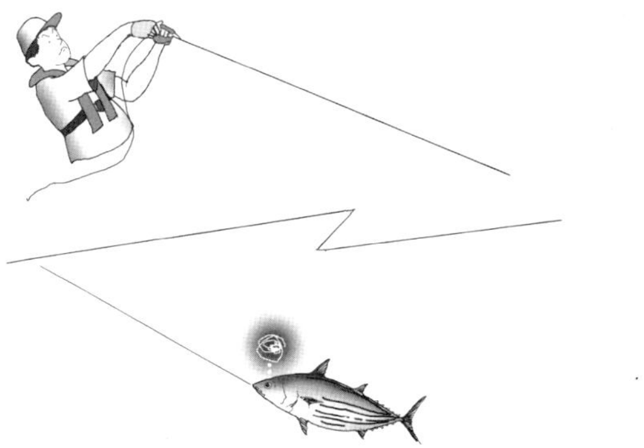

ワラサ

ワラサのアタリも強烈ですが、ホンガツオほどのスピードはありません。

サオを手にする余裕はあります。アタリや最初の引き込みは大型のマダイと変わりません。しかしその引き込みが絶え間なく続くようなら、それはワラサです。魚が引き込めばドラグを緩めてミチイトを出します。そして止まれば一気に巻き上げてください。

しかしドラグの締め方には注意しましょう。急にワラサが反転すれば、すぐにミチイトを出せるようにします。ドラグを締めすぎてスプールが逆転しない場合は、手でミチイトを出して対応して下さい。

カツオはスピーディーですが、ワラサには重量感があります。強い引き込みがなくても、その重量でスプールが滑って巻き取れないことがあります。しかたなくドラグを締めますが、その途端一気に引き込んだ場合はすかさず手でミチイトを出して下さい。強い引き込みがなくなるまで、少しずつ出し続けます。従って、やむなくドラグを締める場合でも、手で引けばミチイトが出せる程度にしておくことが重要です。

最後はタモ入れですが、ワラサはすっぽりとタモに入るまで油断できません。やっとの思いで船べりまで寄せ、安心したところで突っ込まれてラインブレイクでは、泣くに泣けません。突っ込まれた場合を常に想定しておくことが重要です。

マグロ

マダイのポイントで釣れるマグロは地域により多少異なりますが、1mまでです。

しかし幼魚とはいえ1m近いマグロは強烈です。カツオのスピードとワラサの重量を併わせ持っています。

カツオとワラサを一緒に釣った状態を想像して下さい。従って、小型なら十分取り込めますが、1m近くのクロマグロやキハダが来れば、マダイ仕様の仕掛けではまちがいなく切られます。

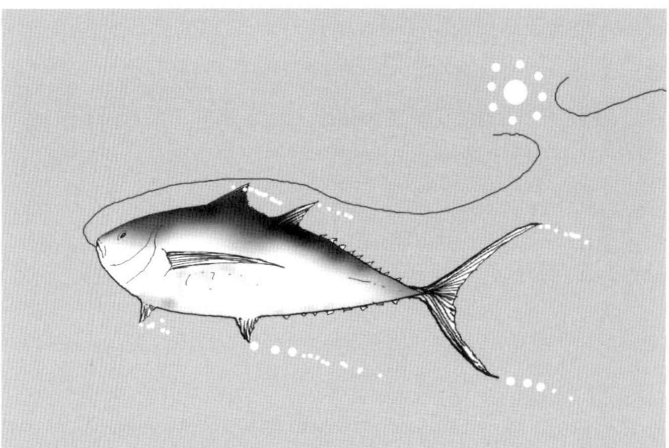

誰でも他の魚と区別できる

このアタリと引き込みは誰でも他の魚と区別できます。従ってちゅうちょすることなく、自分が持っている一番太いハリスに交換して下さい。

8号ハリスにマダイバリ13号

私の場合は、8号ハリスにマダイバリ13号ですが、そのチモトをケブラーで補強します。当然クッションゴムも3mmに交換します。そして再びマグロが当たれば、サオを持ってアワセをしますが、同時にミチイトが出て行きます。魚が反転するまで、へたにリールを巻かないで下さい。但しあまりに簡単にミチイトが出て行くようなら、少しずつドラグを締めます。

魚が止まれば、ドラグを調整してポンピングで引き寄せます。ただリールを巻くだけでは、引き寄せることは困難です。

そして途中で何度も突っ込んだり、走ったりしますが、その時はミチイトを出して下さい。走るマグロを止めることはナンセンスです。弱るのを気長に待ちましょう。

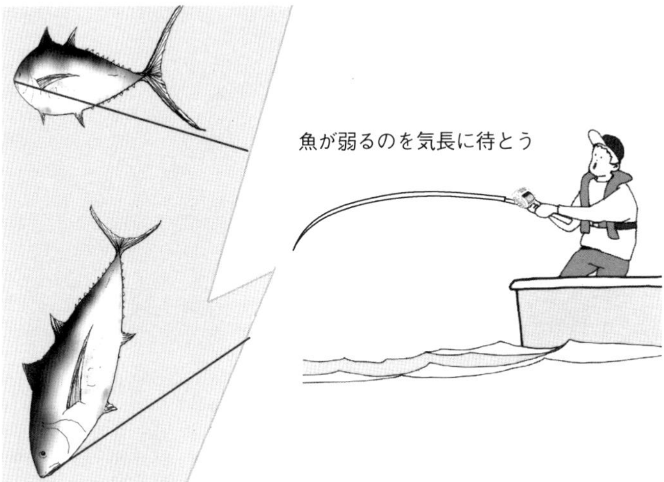

例えむりやり引き寄せられたとしても、短時間では魚を弱らせることは出来ません。ハリスを持った時、一気に走られて切られることになります。

海面で走られたり、突っ込まれるとラインブレイクの可能性が高くなります。出来るだけサオの弾力を利用して、海中で時間をかけて弱らせるようにして下さい。

それでもハリスを手にしてからが大変です。マグロはボートを見て、最後の力を振り絞って海中へ突っ込みます。クッションゴムも伸びきって弾力がありません。

従って、仕掛けを送り込んで再びサオを持つことになります。一度反転されると、10mほど走られるのは覚悟しましょう。

こんなことを2～3回繰り返すと、さすがに疲れて浮き上がってきます。一度浮き上がれば、ワラサより取り込むのは簡単です。

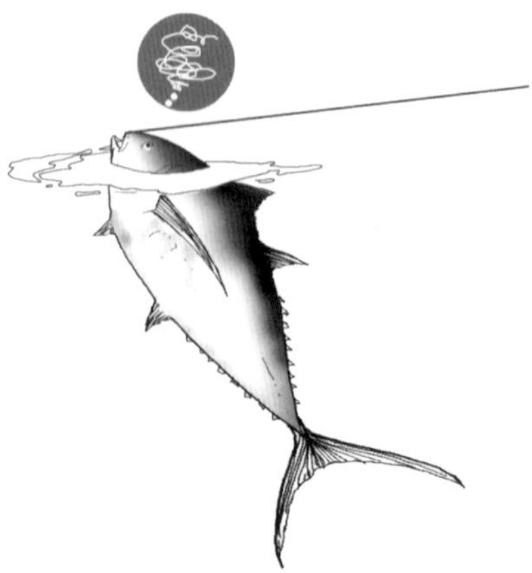

ただし、すっぽりと魚体が入る大きなタモがあれば、の話ですが。なければタモに頭を入れ、尾ビレを手で掴んでボートへ引き上げます。

秋は大物の季節

青ものは群れで回遊する傾向が強いため、一度アタリがあれば周りにはたくさんの魚がいると考えて下さい。そして青ものはマキエサに突っ込む習性があります。従ってマキエサの量はマキエサカゴの7〜8分目とし、海中で一気に出て行くように調整して下さい。そして群れを散らさないように、手返しの頻度をアップします。たくさん釣る必要はないと言いましたが、近所に配って自慢するくらいは釣りたいものです。せっかくのチャンスを逃さないようにしましょう。それから、秋は大物の季節です。ハリスで手を切られないよう手袋の装着をお勧めします。

秋は美味しい魚がいっぱい

この年は巷に秋風が吹いても水温が下がらず、落ちのマダイは遅れました。そんな9月中旬のことです。毎年この時期になると徐々にマダイの活性が上がってきます。ハリスは4号、10mを基準に数を狙います。しばらく手返しを繰り返していると、突然鋭いアタリ。サオの弾力とドラグをフルに利かせて、50cmオーバーを取り込みました。

しかしその後が続きません。しかたなくビールを片手に、遠くに霞む半島を眺めていました。気持ちが良くなりうとうとしていたその時、一気にサオが海中に突き刺さり、リールが音をたてて逆転しました。慌てて跳び起きましたがすでに遅く、サオ先が跳ね上ってしまいました。アワセどころかサオを持つこともできませんでした。隣の釣友にも同じアタリが来て、ほぼ同時にハリスを切られました。青もののようですが、ハマチやワラサより強烈です。緊張が走ります。

待つこと30分。ふたたびアタリが来ました。私はハリスを切られましたが、釣友はうまく掛けたようです。彼は即座に仕掛けを変更し、ハリスを6号にアップし、ドラグもかなり緩く調整していました。うまく掛ければマイボートの強みです。遊漁船と違い、誰かに遠慮することなくじっくりとやり取りが可能です。格闘の末に上がってきたのは、60cmオーバーのホンガツオでした。私も即座に仕掛けを変更。6号にアップし、取り込みやすいようにハリスの長さも6mと短くして、50cmクラスをゲット。戻りガツオの刺し身はまるでマグロの赤身です。程よく脂が乗った絶品でした。新鮮なカツオは刺し身が一番です。

その日を境に私達の仕掛けは2ランクアップがあたりまえとなりました。

その後ホンガツオは姿を見せませんでしたが、70cmオーバーのワラサが回ってきました。いつもならマダイ仕掛けのため慎重なやり取りを要求されますが、今年は仕掛けのランクアップが功

column

を奏して、悠々と釣り上げることができました。ワラサも旬の魚です。特にカマの付近の身はまるで大トロのような霜降りです。マダイとは違った旬の味を楽しみながら迎えた10月20日、この日もハリスは6号です。

ハリスを太く短くするとマダイのアタリは極端に遠のきます。しかしこの日は活性が高いのか30〜40cmのマダイが3尾連続でヒットしました。この状況で釣り人根性が出てきました。ハリスを細く長くするともっと大きなマダイが釣れる？　そんなことを考えていると、サオ先が一気に海中に突き刺さり、リールが逆転しました。サオを取ってアワセを入れながら、仕掛けを替えなくて良かったと思ったその時、魚はいままで経験したことのない強いヒキをみせて、走り出しました。6号ハリスがあっけなく切られた瞬間でした。

何が来たのか見当もつきません。74cmのワラサも悠々と上げられた仕掛けが一瞬で切られたのです。

迷うことなくサイズアップです。私が持っている一番太いハリス、8号に交換し、さらにハリのチモトをケプラーで編み上げました。その正体を見たい一心でサオ先に精神を集中します。そしてその時がきました。再びサオ先が海中に突き刺さりました。サオを取ってアワセを入れるのが精一杯です。恐ろしく強いヒキです。8号ハリスも切られそうです。時間をかけて取り込むことにしましたが、強烈なヒキをかわしながらのやり取りが続き、腕の筋肉が疲労し、思うように動かなくなってきました。それでもなんとかサオを立て、クッションゴムを手にするところまで上げてきました。しかしそこからが大変です。船を見た魚は、最後の力を振り絞って再び海底へ走り出します。クッションゴムが細く伸びきっています。限界です。やむなくクッションゴムを放しました。サオを持ちましたが、再びミチイトが出て行きます。寄せては戻す、何度も同じことを繰り返しながら魚が力尽きるのを待つ

column

以外方法がありません。40分ほどが経過してやっとハリスを手にしました。魚の姿がゆっくりと浮かび上がってきます。私は眼をみはりました。マグロです。キハダです。頭をタモに入れ、尾ビレを手で持ってボートに引き上げました。

その瞬間私は、疲れと興奮でボートの床に座り込み、しばし放心状態でした。興奮が少し冷めてハッと気が付きました。大きすぎて私のクーラーには入りません。あわてて帰り支度にかかりました。

帰航後の測定で、90cmオーバーと判明。私のベストサイズです。しかし、クーラーがありません。しかたなく、ごみ袋をテープで繋ぎ合わせ、その中に氷と一緒にキハダを入れ、途中のコンビニで氷を補給しながら帰りました。

帰りの車の中で考えることは、料理のことばかり。考えただけでよだれが出てきます。きっと美味しいぞ～。

その夜は刺し身を味わいました。大トロとはいきませんが、ハラモは脂ものって最高でした。クロマグロに比べ柔らかいといわれますが、釣りたての刺し身は歯ざわりも良く、大皿はアッという間に売り切れです。

翌日の日曜日のランチは、マグロの漬け丼です。これが受けました。小食の娘までがお代わりして、ドンブリ2杯をペロリ。ご飯がたりなくなる始末です。

ディナーはマグロステーキと洒落込みました。う～ん、ステーキも美味い。そして次の日は、フライと角煮。特にフライはとても魚とは思えません。柔らかい肉のようで、それでいてコクがあります。家族4人で三日三晩マグロ尽くしの日々でした。

ところでマダイは？　というと絶不調です。仕掛けが太く短くなったことが原因の一つと分かってはいても、ついついマグロを期待する日々が続き、その後は不発に終わりました。

12月に入り水温も適温まで下がり安定してきたこともあって、やっと落ち着いてマダイを狙う気分になりました。12月8日は、潮の状態もベスト。ハリス4号、10mでマダイを狙います。

一投目からマダイが来ました。思ったとおり活性は上々です。期待に胸がときめきます。昼に向かって徐々にサイズがアップしてきました。釣友は立て続けに50cmオーバーを釣り上げています。少し出遅れましたが、私にも45cmクラスがヒット。

結局この日は55cmを頭に二桁釣果となりました。晩秋から冬場のマダイの楽しみは、なんといっても食味です。冷たい海水で身が締まり、ほどよく脂が乗った絶品です。ただし、釣趣では春や秋の盛期には及びませんが、それでもマダイです。50cmオーバーともなるとその三段引きは明確で、サオ先をグイグイと引き込んでゆきます。ドラグを調整しながらのやり取りは時を忘れ、頭の中を真っ白にしてくれます。この調子だと正月のタイも期待十分です。

私の田舎は和歌山です。田舎では、元日の夜にマダイを食べる習慣があります。料理方法は、紀州特産の備長炭でじっくりと素焼きにするシンプルなものです。近くには加太の友ヶ島という全国的に有名なマダイのポイントがありますが、昨今一般庶民の口に入るのは養殖ダイが定番です。なんとか正月を「天然のマダイ」で祝いたいと思い年末釣行を繰り返していますが、12月末に大型は難しく、過去最長は40cm前後です。

しかし今年はちょっと状況が違います。釣友とじっくりマダイを狙うことにしました。12月29日は潮も上々です。手返しを繰り返すこと1時間あまり。最初は私にきました。45cm前後のまずまずのマダイです。その後も40cmクラスが続きます。そして迎えた昼すぎ、いままでとは明らかに違うアタリです。グイグイとサオ先を絞り込んでいます。思ったとおり、上がってきたのは55cmの真紅のマダイでした。

寒ダイはポイントと仕掛けが決め手

column

一般的にマダイのシーズンは春と秋といわれています。しかし真冬でもマダイは釣れるはず、いや釣りたい。正月用のマダイは確保できました。そして、その味は申し分ありません。特に炭火でじっくり焼いた素焼きは最高。ほどよく脂が乗った、ほくほくの白身の味は絶品でした。

12月末でこんなに美味しいのなら、真冬のマダイはもっともっと美味しいはずだ。そう思うとじっとしていられません。美味しいマダイを求めて志摩沖を探し回る週末が続きました。「厳冬期でも絶対にマダイは釣れる」と信じて。

ごく僅かですが、釣り専門の新聞には年中マダイを狙っている遊漁船も紹介されていました。しかし、ポイントは限定されていて、シーズン中のポイントではまず釣れません。

海底図で、秋のポイントの近くにさらに深く、水深が100m以上の岩礁帯があるかどうかを確認します。

なければ他のところで条件に合う岩礁帯を探すことになりますが、幸いに秋のポイントから外海に向かって、いっきに水深が深くなっているところを見つけました。今まで真冬にマダイは釣れないと思っていたため、あえて探しませんでしたが、その気で探してみると意外と簡単に見つけられるものです。2カ所インプットしましたが、釣れるか釣れないかは実際に仕掛けを入れてみないと分かりません。

あらかじめ決めたポイントをGPSへインプット。しかし実際にそのポイントへ行ってからが大変です。潮の方向を確認しながら最適なカケアガリを探します。またこの季節はエサ取りが少ないので、出来るだけ岩盤が厚い場所を選びます。

このあたりの潮は、大潮や小潮及び干満には全く関係ありません。海流の影響が大きいと思いますが、とにかく行ってみないと分かりません。従って、その時の潮の方向で大きくポイントが変わる時もあります。まして初めてのポイントです。ゆっくりとボートを走らせながら、魚探の尾引きが極端に厚く（底質が固い岩礁）、変化の大きいところを探します。水深はアンカリングを考えれば、90m前後が限界と思います。

周りには遊漁船あるいは漁船と思われる船が2〜3艘います。距離があるため、何を釣っているのかわかりませんが、船の向きは確認できます。それらの船が向いている方向へ、何度もジグザグ運転を繰り返して、やっと納得できるところを見つけました。

水深が深いため、通常のスタイルではアンカリングが難しいと考え、チェーンを2m長くしました。これが効いたのか、あるいは険しい岩盤に助けられたのか、一発でアンカーを掛けることが出来ました。

とりあえずサオを出して、潮の方向を確認します。ラッキーなことに潮は、ゆっくりとですが、深い方へ流れています。私が予測したポイントとしてはベストです。

真冬の海は魚の活性が低く、外道も釣れません。しかしこのポイントは他と違い、この季節に一投目からソウダガツオがヒットしました。このあたりの海底はわずかですが、黒潮の支流の影響で水温が高いようです。そしてチカメキントキの入れ掛かりタイムです。それも40cm前後と型揃いです。このポイントならマダイもいるはずだ。手返しを繰り返します。

しかし、そのうちチカメキントキもソウダガツオの群れも遠ざかり、サオ先がむなしく波に揺られて上下しています。今日は冬の晴天、小春日和です。こんな日はビールが美味い。のんびりと時間が流れます。

このポイントはだめか、とあきらめかけていた時、エサのオキアミが頭だけかじられるようになりました。それは正にマダイの仕業です。この季節、さすがにマダイの食いも渋いと判断して、仕掛けと付けエサを替えてみました。ハリスも3号に、ハリは9号にしました。そしてサシエのオキアミも小さいもの１匹をハリの形に添うように付けてみました。
　これが大当たりです。その途端にマダイ独特の鋭いアタリがきました。サオを持ち、大きく合わせると小気味良いヒキが伝わってきます。マダイに違いありません。嬉しさがこみ上げてきます。しかし、水深が90mと非常に深いため、途中からマダイのウキブクロが膨らみ、抵抗がなくなってしまいました。不安が脳裏をよぎります。すかさず手動から電動に変えて一気に巻き上げます。そしてハリスを手にし、魚の重みを直接感じ取って一安心。タモに入ったのは50cmクラスの色鮮やかなマダイでした。時合いでしょうか。次に50cm弱のマダイがきました。その後40cm前後が続きます。
　水深があり越冬中ということもあり、釣趣では春や秋に劣りますが、味のほうは思ったとおり、絶品でした。
　正月同様炭火を使ってじっくりと焼き上げました。ほどよく脂が乗った、ほくほくの白身は最高です。刺し身のもちっとした歯ざわりは冬場独特の味わいです。とにかく冬場の魚は美味しいのです。それがマダイならなおさらです。
　このポイントなら春のシーズンまでマダイが狙えそうです。またポイントもさることながら、越冬マダイの食いは想像以上に渋く、ベストシーズンと同じ4号、5号ハリスにマダイバリ11号、オキアミ3Lでは、頭をかじられるだけでマダイをハリ掛かりさせることは難しいことも分かりました。

column

真冬の大物はタナが重要

真冬のマダイのポイントで、意外な大物がヒットしました。

2月も中旬を過ぎると水温も下がり、魚の活性も極端に低くなってきます。しかし、今年は冬場のベストポイントの発見と仕掛けの工夫により、数は減りましたがマダイは釣れています。このポイントではチカメキントキが釣れたあとでマダイが来るパターンが多いようです。

この日もいつものようにチカメキントキが釣れました。マダイも来ました。ところがあとが続きません。マダイはともかくとしてチカメキントキは群れで行動するため、一度当たればある程度の時間、釣れ続きます。不思議に思っていると、突如魚探に魚影が映りました。どうやら小魚の群れのようです。画面が真っ赤です。この厳冬期にはめずらしい光景です。

魚探の画面を眺めている私に、釣友のゴンさんのわめき声が聞こえてきました。あわてているのか、なにを言っているのかわかりませんが、見るとゴンさんのサオが半月を描いています。口元は引きつり言葉になりません。ゴンさんの釣った魚は強引なヒキを見せたかと思えば、いきなり浮き上がるようです。ゴンさんは「アレ釣れてない、アレ」「ワー引いた、ワー」を繰り返しています。

ここだけの話ですが、ゴンさんは一言で言うと釣りがへたなのです。魚は釣れないのですが、鼻や耳を釣られたことは数知れません。そんなゴンさんに大物がヒットしたようです。

しかし、船上は大変なことになりました。魚が突っ込めばイトを出し、浮き上がればすばやく巻き取る。釣り師の常識ですが、彼にはうまく出来ません。ただひたすら電動リールを回しながらポンピングを繰り返しています。おかげで全員おまつりさわぎです。しかし釣友とはありがたいもので、ゴンさんに大物を釣らせてあげよう？　と、一生懸命に助言します。ゴンさんにとってはありがたいかどうかはなはだ疑問ですが。
それでも助言のおかげ？で魚は姿を現しました。それは70cm前後のメダイでした。こんな大きなメダイは初めてです。それもゴンさんが釣り上げたのです。ゴンさんが無事大物を釣り上げたということは、私達釣り仲間にとっては大変な出来事です。過去唯一の奇跡（釣り専門誌の取材の日に、60cmのマダイをゲット）と合わせて二度目です。
二度あることは三度あるといいますが、その三度目は直ぐにきました。またゴンさんに大物がヒットしたのです。全員あわてて仕掛けを上げてゴンさんの応援です。無事取り込みゴンさんは得意の絶頂です。腕がしびれたとかメダイは最後まで強引なヒキで楽しめたとか、一丁前のことを言っています。どうやら魚探に映った小魚を追ってきたメダイの群れがチカメキントキやマダイを追い払ったようです。
しかし、なぜゴンさんだけ釣れるのか？　不思議な現象でした。ゴンさんにタナを確認しましたが、同じです。しかしよく考えてみると、メダイが来る前にチカメキントキとマダイが釣れましたが、ゴンさんだけ釣れていません。私はマダイ狙いのため、エサが底から5㎡ほど上を流れるようにイメージしています。
そこで推理しました。今日は潮が速いためゴンさんの意思とは関係なく、仕掛けは浮き上がっていたのではと。早速数m巻き上げてみました。それがピタリと当たり、メダイがヒットしました。メダイのアタリは大きくサオが入りますが、マダイの鋭さはありません。ただし、重量感のあるヒキをします。
そして途中で浮き上がったため、一気にミチイトを巻き取りました。その一瞬の隙をついてメダイは反転しました。そしてその重量感のある突っ込みでハリスを切られてしまいました。
仕掛けを確認したところクッションゴムも伸びきっていまし

column

た。真冬で口を使わないマダイ対策として、仕掛けをハリス2〜2.5号バージョンに替えていたこと、ゴンさんは5号しか持っていないことをすっかり忘れていました。仕掛け変更後はメダイの入れ掛かりモードです。

でも神様は、大物を釣り上げたゴンさんを無事には帰してくれませんでした。

喜んで奥さんに電話しようとして、携帯電話を海に落としてしまいました。ゴンさんはあわてて拾いあげようとしましたが、逆にサングラスも海の藻屑と消えました。でも今日は神様のご機嫌が良かったようです。いつもならゴンさんが海へ転落しているところです。携帯電話とサングラスで許してもらえたのですから、ラッキーと言えます。

今日はゴンさんに振り回された一日でしたが、メダイという新しいターゲットを確認できました。またタナの一ヒロが釣果に大きく影響することも改めて痛感しました。魚の種類やその日の潮の状態、水温の影響、ベイトの影響等でタナが変わります。更に自分達のマキエもタナを変える要因の一つです。偶然とはいえ、いつも釣れないゴンさんに大物がヒットしたことで、色々と考えさせられる一日でもありました。

最後に肝心の食味ですが、メダイの刺し身は、その姿やヌルからは想像もできない、透き通るような薄いピンク色で、聞いていたとおり最高の味でした。

夏のマダイのポイント

夏場は小型がお勧め

産卵を終えると、一時期マダイの食いは止まりますが、盛夏を迎えるころにはポツポツと釣れるようになります。しかしその食味は脂も抜け、イマイチです。従って、夏場にマダイを狙う場合は、産卵による影響が少ない30cm前後の小型をお勧めします。

小さな根がベスト

小型のポイントは、いたるところにありますが、見つけるのが一苦労です。春のポイント近くの、20～30mラインでも釣れますが、大きな岩礁帯では水温の上昇と共にエサ取りが多く、釣りづらくなります。従って、コンスタントに釣ろうと思えば、砂礫底にちょっと突き出たような、小さな根がベストです。よく釣りの本などで、ベストポイントとしてイラストで紹介されるようなところです。

このようなところは、確かに小ダイのベストポイントですが、海底図で直接見つけることは困難です。

ポイント予測❻

そこでポイント予測❻の海底図のように、等深線の間隔が広く変化の乏しい海底で、僅かに等深線が突き出しているようなところがあれば、その周辺に小さい根が存在する確率が高くなりますが、ピンポイントは、自分で時間をかけて探すことになります。

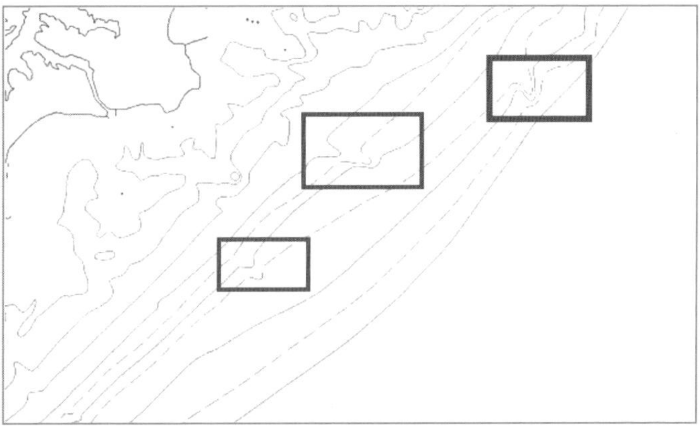

ポイント予測❻

マイミニポイントが見つかる

参考に出来るのは、小型の和船で手釣りをしている漁師さんや同じく小型の仕立て遊漁船です。特に小型和船の漁師さんは、一カ所には留まらずに点在するポイントを転々と移動しています。

漁師さんが移動した後で、そっと海底の状態を確認するのも妙案です。もしそこで小さな根を発見できれば、その周辺に幾つか同じような根があるはずです。ボートをジグザグに走らせて確認して下さい。マイミニポイントが見つかるでしょう。

アンカリングが大変

しかし、根が小さいためアンカリングが大変です。何度もやり直すことになります。また根が小さいため、ロープを出しすぎるとボートは根を通過してしまいます。水深が浅いため、余分なロープは出さなくても外れることはありません。とにかく根を外さないことが重要です。

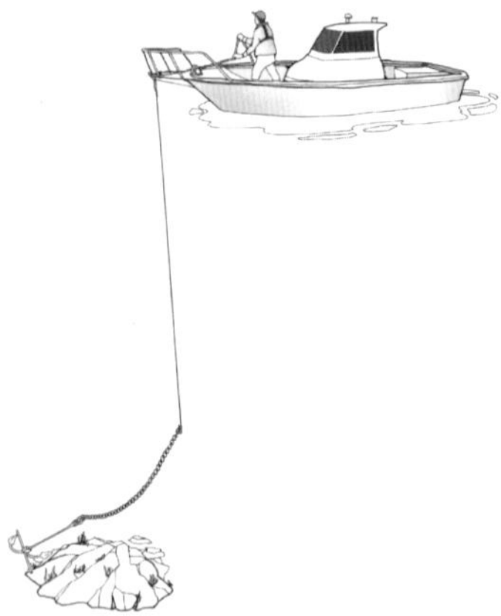

岩礁帯をお勧め

真夏でも大型のマダイを狙いたいという人には、やはり岩礁帯をお勧めします。ただし、エサ取りとの戦いは覚悟して下さい。

砂地　変化が少ない

岩礁帯　変化が大きい

第3章 **応用編**

エサ取り対策

そこで、エサ取り対策を二つご紹介しておきます。

その一つは、付けエサの変更です。オキアミをあきらめ、アメリカザリガニを使用します。最近はエサ屋さんでも釣り堀用として売っていますが、小さいものはだめです。赤く、硬い鎧を着たものでなければ、ひとたまりもありません。大きいものでも、時間が経つと鎧の合わせ目からエキスを吸い取られます。海の底は、想像以上に厳しい世界です。

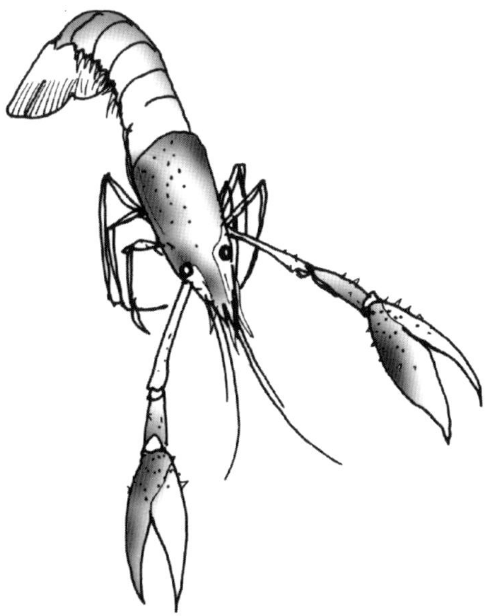

もう一つは、海底の状況ですが、春はある程度の面積がある岩礁帯を推奨しましたが、夏場は逆に鋭く変化したところを選んでください。エサ取りの絶対数が少なく、釣りやすくなります。

またエサ取りが集まれば、ロープを伸ばしたり、縮めたりしてボートの位置を変えることも効果的です。

夏のマダイを釣る

釣り方の基本は、他の季節と同じですが、小型狙いの場合はポイントが狭く水深も浅いため、ハリスは短くしたほうが有利です。3号、6mを基準にして下さい。ハリはマダイバリ9号をお勧めします。また付けエサのオキアミもハリのサイズに合わせると、Mサイズとなります。

ポイント移動

それから、アタリが遠のけば漁師さんのようにポイント移動をお勧めします。ポイントが小さいため、1カ所でそんなにたくさんのマダイは望めません。またエサ取りが集まってきた時も同様です。

マダイは小型でも鋭いアタリです。まして水深が浅いため、思わず大物と勘違いすることもあります。サオを取り、大きくあおってアワセを入れ、ゆっくりリールを巻きます。何が来るかわからないため、ドラグは春や秋と同じように調節しておきます。但し小型と判明したら、ドラグを締めてゆっくり巻き取れば簡単に取り込めます。

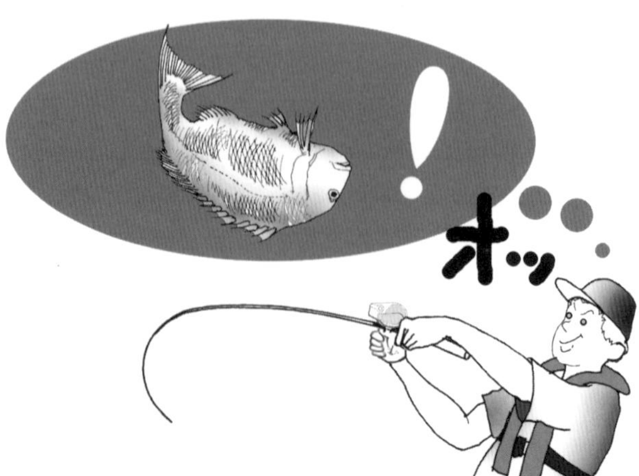

夏場はマダイよりイサキ

夏場のマダイの刺し身はお勧めできません。和食ならタイ飯や塩焼きが、洋食ならピカタやソテー等がお勧めです。どうしても刺し身とおっしゃる方は、昆布締めをお試し下さい。

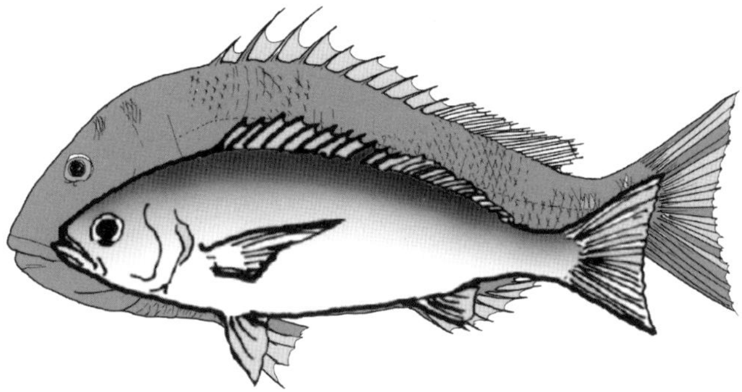

私は、釣った魚を美味しくいただくことを楽しみにしているアングラーの方には、夏場はマダイよりイサキをお勧めします。イサキは産卵後もその食味は健在です。但し、険しい岩礁帯で釣ることになるため、エサ取りとの戦いは覚悟して下さい。エサ取り対策としてサビキも面白いと思いますが、小型中心となります。

大型を狙う場合は、どんどんタナを上げて行きます。水深20m、タナが10m前後で爆釣ということもあります。また、時々30〜40cmのグレも釣れます。

イサキを釣る

初夏はイサキのシーズン

イサキは桜ダイを釣っている時にも釣れますが、本格的にはマダイの乗っ込みが終わるころ、5月中旬～6月です。マダイのポイントの近くに、水深30m前後の起伏の険しい岩礁帯があればその頂上付近がポイントです。

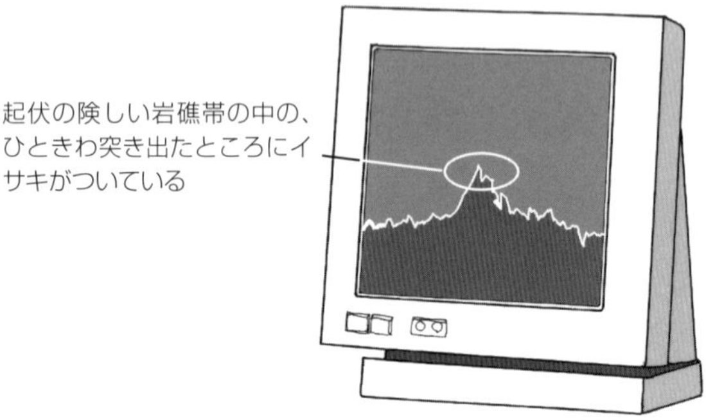

起伏の険しい岩礁帯の中の、ひときわ突き出たところにイサキがついている

焼き物か刺し身

桜ダイのシーズン後半になると、マダイとイサキの数が逆転します。シーズン当初はせいぜい5尾ほどですが、二桁にもなると主役は逆転です。旬の大型の食味はマダイ以上ですが、レパートリーはマダイに比べ少なく、定番の焼き物か刺し身が一番です。

マダイよりもう少し浅いところ

イサキを専門に狙うなら、マダイよりもう少し浅いところ、たとえば50mラインでマダイを釣っていた場合、30～40mラインへ移動すれば数を伸ばすことができます。

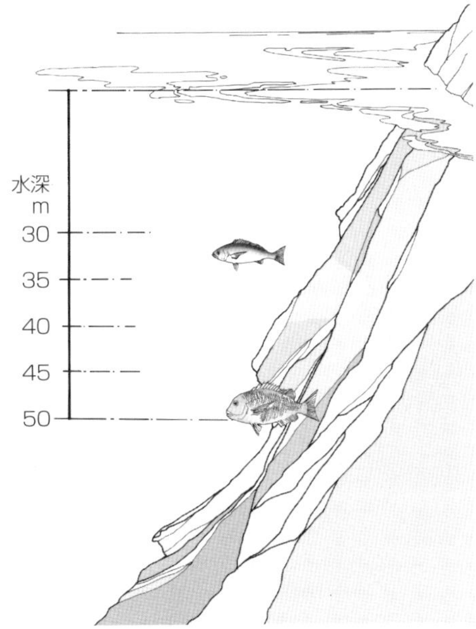

ラグビーボールのような反応

イサキの群れは魚探で確認出来ます。起伏の険しい岩礁帯の頂上付近にラグビーボールのような反応があれば、それはイサキの群れです。ただし、イサキの群れは、根にくっついていることはまずありません。根から離れて縦長の楕円形をしています。根にくっついていればそれはエサ取りの集団です。

第3章 応用編

魚群が潮下になるようアンカリング

イサキの群れを確認した後は、魚群が潮下になるようアンカリングします。潮が動いていない時は風下になるようにします。魚の活性が高ければ、多少離れていてもマキエサに集まってきますが、活性が低い時は魚群に近づく必要があります。従って、釣れない時は少しずつロープを出して移動させて下さい。

ボートが魚群の真上になるように
アンカリング

タナが非常に重要

またイサキもタナが非常に重要です。魚群の真上にボートが止まれば、タナは一目瞭然ですが、そんなことはめったにありません。むしろ魚群の真上より少し潮上につけるのが基本です。

水深を確認

そこで魚群を発見した時に、その水深を確認しておきます。反応が大きい場合は、その一番上の方にタナを合わせて下さい。また活性が高い時は、魚群を確認できなかったとしても、海底の起伏が険しいカケアガリの頂上付近を目安にすれば、マキエサに集まってきます。

タックルはマダイと同じ

タックルは基本的にはマダイと同じです。ただイサキはマキエサに集まってくるため、ハリスは少し短くしたほうが有利です。大型を狙う場合は、マダイも来るためハリスのサイズは3号、長さは6m、ハリはマダイ9号1本バリを、マキエサ、付けエサともオキアミをお勧めします。

釣り方

仕掛けをタナ+ハリスの長さの半分まで落とし込みます。そしてサオを大きくあおってマキエサを出します。それからタナまで巻き上げます。イサキはマキエサに集まってくるため、付けエサがマキエサと一緒に流れることが理想です。

タナは、付けエサが4～5分は残っていることが原則です。付けエサが取られるようなら、少しずつタナを上げてください。またマキエサはカゴの80%を目安に詰め、4～5分後に仕掛けを上げた時には詰めた量の10%ほどが残るように調整します。マダイより少し多めに出るようにしますが、青もののように一気に出る必要はありません。そして波やウネリでボートの揺れが大きい時は、置きザオで十分ですが、凪いでいる時は時々誘いをかけます。

今年の夏はイサキで始まり ツムブリで終わった

春一番からマダイを狙い続けて2カ月、季節はすでに初夏。世間では「衣更え」の時期ですが、海は「釣魚更え」のシーズンです。

この日もポイントに着き、魚探でイサキの群れを探しましたが魚影は見当たりません。まだ水温が低いのか？

そこで外海の方が、低水温の影響が少ないと考え、岩礁帯の東側に回ってみることにした。このあたりは浅瀬が多く要注意です。魚探を見ながら潮上へゆっくりとボートを進めます。これがみごとに的中し、カケアガリの途中でひと際険しいところがあり、その頂上付近にイサキの群れをとらえました。

アンカーを入れ、ハリス3号、6mの仕掛けを投入したとたんにアタリです。マダイのような強烈さはありませんがアタリは明確です。リールを巻きながらチラリ横をみると、早くも釣友のナカさんは30cm前後の見事なイサキを手にしていました。その後入れ掛かりの状態が続き、気が付けば2時間が経過していました。周りに他の船がいないため、我々のボートにイサキの群れが付いたようです。

イケスを覗くと、その中はイサキで満杯。過去イサキの大漁は何度もありましたが、これほどの釣果は初めてです。ナカさんもイケスをみて「そろそろ帰ろか」。どうやら彼は、はやく帰ってイサキの刺し身で一杯やりたいようです。

しかし、そううまくは行かないようです。これが最後と決めた一投で私には強烈なアタリ。ゆっくりとリールを巻き、上がってきたのはなんと、嬉しい40cmのマダイでした。それを見たナカ

column

さんは、「もうちょっと釣ろか」。彼は、マダイの刺し身で一杯に変更したようです。

その後マダイはだめでしたが、ナカさんは根性で40cmオーバーのイサキをゲットして終了。あまりにたくさん釣れたので「資源保護のため小さいのはリリースや」と余裕です。それでも30cm以上の良型中心で70尾以上の釣果でした。

そうなれば釣り人とは贅沢なもので、他の魚を釣りたくなります。ある日、おとなりに係留しているおにいさんが、カンパチ（シオ）を16尾もクーラーに入れていました。ジギングで釣ったとのことです。そこで、私たちもジギングをしようということになりました。ジギングロッドとスピニングリール、メタルジグを購入し、釣友のゴンさんを乗せていざ出陣。

我々エサ釣りファンにとって、イミテーションのルアーフィッシングはたよりなく感じます。こんなものでほんとうに魚が釣れるのか、疑心暗鬼で始めたジギングですが、これがほんとうに釣れました。それもカンパチが、そしてツムブリが。

9月12日、例年なら少しは秋らしくなる季節ですが、今年はまるで真夏です。釣れないとジギングほどむなしい釣りはありません。あまりの暑さに上半身裸でがんばりましたが釣果はゼロ。もう帰ろうかと思っていた昼前、水深60mの中層付近でヒットしました。すごいファイトです。ボートの周りを走り回りながらなんとかランディングに成功しました。そしてその姿を見て驚きました。それはこのあたりではめったにみかけないツムブリです。それも80cmオーバー。レインボーライナーと呼ばれるだけあってすばらしい走りをみせてくれました

その時、背中に何者かの視線を感じました。振り向くと、釣友のゴンさんがじっとこちらを見ています。私はゴンさんを乗せていたことをすっかり忘れていました。タックルはワンセットだけのため、邪道ですがアンカリングして１人はエサ釣りをします。

当然コマセ釣法のため小魚が集まります。その小魚で青ものを集めるという段取りです。ゴンさんは私のために、一生懸命手返しを繰り返していたのです。

ゴンさんに「忘れていた」とは言えず、テレ笑いしながらツムブリを見せると、彼は突然立ち上がって、タックルを貸してほしいと言います。

ゴンさんはなんでも試してみたい性格です。友達がアユを釣ると聞いたゴンさんは、高額のアユ釣りタックルと衣装をそろえましたが、ゴンさんのレベルでアユの友釣りなど無理な話です。何度釣行しても、持ちかえるのはオトリのアユのみです。釣れないためオトリが弱ってきます。ゴンさんは、友達におねだりして元気なアユを譲ってもらいますが、扱いが悪いため直ぐに弱ってしまいます。あげくのはてては、足がもつれて流される始末です。お守りが大変なため誰もゴンさんを誘わなくなりました。高額のアユ釣り用のタックルは、ここ数年日の目を見ていません。

そんなゴンさんが、ジギングに挑戦したいと言っています。不安がないと言えば、嘘になります。しかし私も疲れていたので、ゴンさんにタックルを貸してあげることにしました。そしてなんと、ゴンさんにもツムブリがヒットしました。よっぽどお腹がすいていたのか、とんまな魚がいたようです。ゴンさんは焦りました。ただ一生懸命リールを巻いています。当然フッキングがあまく、その結果ランディング直前にラインがふけて無念のバラシ。

ゴンさんは悔しがりました。そしてどうしても、もう一度「ジギングをやりたい」と駄々を言うゴンさんに負け、帰港途中で再挑戦しました。今度はアンカーを掛けず、流しながらのジギングです。その結果は、私はカンパチ（シオ）でゴンさんはエソでした。それでも魚が釣れているときはよかったのですが、神様の試練は容赦ありません。ゴンさんは、エソを釣った直ぐあとで、自分の帽子を釣り、そして最後は巻き上げたメタルジグのトリプルフックの一つが、親指の、爪の付け根の皮膚を貫通しました。皮膚だけなら少々痛くても引き抜けますが、皮膚の直ぐ下に硬い爪があり、更にトリプルフックの残り二つが邪魔をして抜き取ることができません。帰港後病院に行き、その皮膚をメスで切ってもらい、やっとフックはゴンさんと決別しました。

当然麻酔などは使ってくれません。私は半泣きのゴンさんを、いつものように、奥さんのもとへ送りとどけました。その後ゴンさんの口から、「ジギング」という言葉は聞いていません。

ツムブリ

カンパチ

継続的改善

常に新しい情報

最後のアドバイスですが、色々な魚が釣れるようになっても、常に新しい情報を収集し、継続的改善に取り組んで下さい。これでベストということはありません。また釣りは、大自然が相手です。その年の気象などによって、ポイントが変わってしまうこともあり得ます。そんな自然の変化に対応するためには、常に新しい情報が不可欠です。

地元の情報

情報源として、まず、地元の情報を活用しましょう。地元の漁師さんなどに話を聞くと、旬の魚の動向、たとえばマダイの乗っ込み時期（例年との違い）、あるいは今日現在よく釣れている魚などの詳しい情報を入手できます。また地元のスポーツ新聞、あるいは週刊の釣り専門紙などのマスコミも重要な情報源となります。

インターネット情報

釣りに関する各種のHPが開設されています。

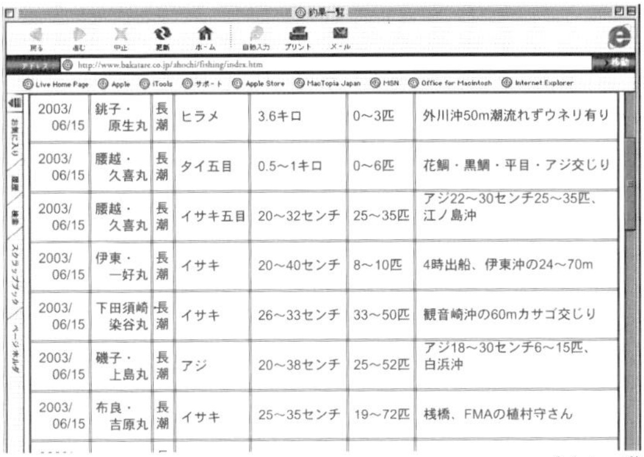

2003/06/15	銚子・原生丸	長潮	ヒラメ	3.6キロ	0～3匹	外川沖50m潮流れずウネリ有り
2003/06/15	腰越・久喜丸	長潮	タイ五目	0.5～1キロ	0～6匹	花鯛・黒鯛・平目・アジ交じり
2003/06/15	腰越・久喜丸	長潮	イサキ五目	20～32センチ	25～35匹	アジ22～30センチ25～35匹、江ノ島沖
2003/06/15	伊東・一好丸	長潮	イサキ	20～40センチ	8～10匹	4時出船、伊東沖の24～70m
2003/06/15	下田須崎・染谷丸	長潮	イサキ	26～33センチ	33～50匹	観音崎沖の60mカサゴ交じり
2003/06/15	磯子・上島丸	長潮	アジ	20～38センチ	25～52匹	アジ18～30センチ6～15匹、白浜沖
2003/06/15	布良・吉原丸	長潮	イサキ	25～35センチ	19～72匹	桟橋、FMAの植村守さん

（イメージ）

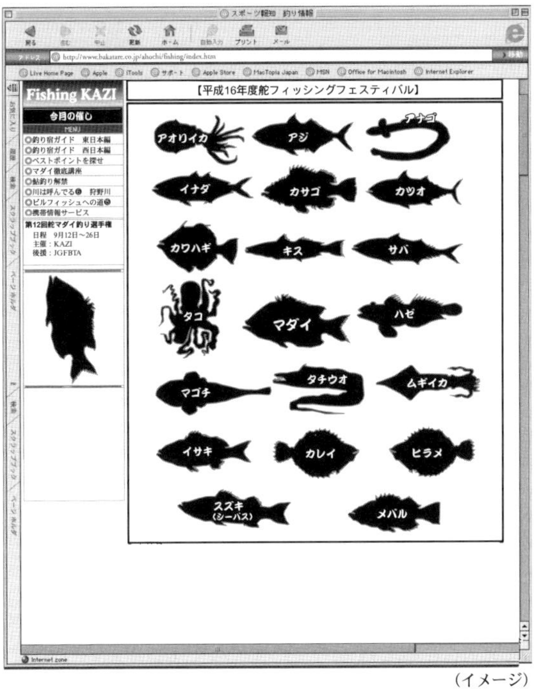

（イメージ）

自分の釣行記録

自分の釣行記録も、重要な情報となります。散発的な記録は、日記に過ぎませんが、目的を持って集積した記録は立派なデータであり、貴重な情報となります。

'03年4月29日（火曜日）　（~~会議~~釣行列席者）鈴木 小林

~~開会~~釣行場所

自6時30分 至13時30分　目的魚 マダイ
出港　帰港

1 天気 くもり時々晴れ　最高気温 20℃　最低気温 12℃
南東の風弱い
2 波の高さ 外海 1.5m
3 水温 表面 17℃
4 ポイント （GPS ブロックNo）LM-56
5 水深 （魚探の数値）63m
（リールカウンター）66m（10:00ころまで）
73m（10:00～以降）
6 潮 10:00ころまでは 西へゆっくり
10:00～以降は 西南へ速い（ミチイトは 45°）
7 仕掛け 10:00ころまでは 4号 7m
10:00～以降は 4号 10m
8 タナ （リールカウンター：マキエサカゴの位置）10:00ころまでは 53m前後
10:00～以降は 48m前後
9 実タナ予測 （付けエサの位置をおおまかに予測）
10:00ころまでは 53＋{7－(66－63)}＝57m
10:00～以降は 48＋{10－(73－63)}＝48m
10 釣果 （終日 均等に 釣れた）
マダイ 60cm 1枚　40cm前後 3枚
57cm 1枚　30～40cm 2枚
54cm 1枚
50cm前後 4枚
イサキ 25～30cm 10匹
11 エサ 付けエサ用 3Lオキアミ 1ケ/1人
マキエサ 3kg 1ケ/1人
12 燃料 ガソリン 30ℓ

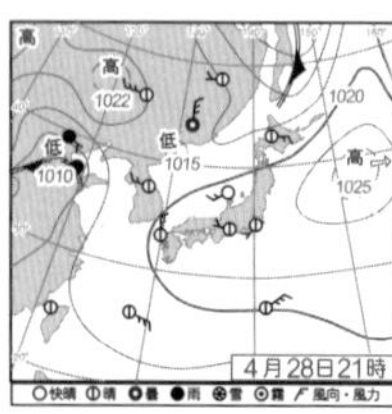

天気
高気圧は東の海上へ遠ざかり、気圧の谷が日本海へ入る。29日は日中晴れるが、夜は雨が降る

釣行記録とは、その日のポイント、そのポイントで釣れた魚の種類、大きさおよび時間、それから水深、タナの深さ、潮の速さと方向、水温、気象状況（天気、気温、風速など）です。

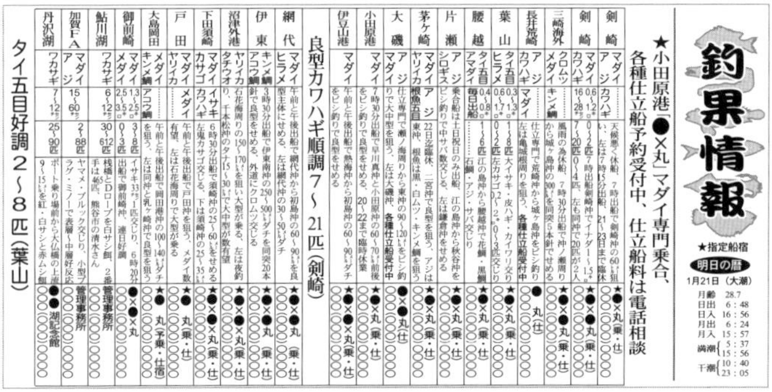

釣果情報

★指定船宿

明日の暦
1月21日（大潮）
月齢 28.7
日出 6：48
日入 16：56
月出 6：24
月入 15：57
満潮 5：37 15：56
干潮 10：40 23：05

★小田原港「●×丸」マダイ専門乗合、各種仕立船予約受付中、仕立船料は電話相談

地区	魚種	大きさ	匹数	状況	船宿
剣崎	マダイ アジ	カワハギ		天候悪く休船、7時出船で剣崎沖の60㍍狙い、左は7時15分出船、21～23日まで臨休	★●×丸（乗・仕）○○○（○○○）○○○○
剣崎	マダイ カワハギ	0.6～1.2㌔ 16～28㌢	0～2匹 7～20匹	7時出船剣崎沖でイナダ1～1.5㌔0～4匹、左も同沖で20匹が2人	★●×●丸（乗・仕）○○○（○○○）○○○○
三崎海外	クロムツ メダイ	キンメ鯛		風雨の為休船、7時30分出船で沖ノ瀬周りから城ヶ島沖の300㍍を同突5本針でせめる	★●×●丸（乗・仕）○○○（○○○）○○○○
長井荒崎	アジ カワハギ	マダイ		仕立専門で荒崎沖から城ヶ島沖をビシ釣り、左は亀城根周りを狙う、各種仕立船受付中	●丸（仕）○○○（○○○）○○○○
葉山	タイ五目 ヒラメ	0.3～1.3㌔ 0.6～1.7㌔	1～8匹 0～2匹	大イサキ・皮ハギ・カイワリ交じり、左カサゴ0.2～2㌔0～3匹交じり	★●×丸（乗・仕）○○○（○○○）○○○○
腰越	タイ五目 アマダイ	0.4～0.8㌔ 毎日出船	1～6匹	江の島沖から腰越沖で花鯛・黒鯛・石鯛・アジ・サバ交じり	★●×丸（乗・仕）○○○（○○○）○○○○
片瀬	アジ シロギス			乗合船は土日祝日のみ出船、江の島沖から秋谷沖をビシ釣りで中サバ数交じる、左は鎌倉沖をせめる	★●×丸（乗・仕）○○○（○○○）○○○○
茅ケ崎	マダイ ヤリイカ	アジ 根魚五目		22日迄臨休、二宮沖で良型を狙う、アジは東沖、根魚は黒・白ムツ・キンメ鯛を狙う	★●×丸（乗・仕）○○○（○○○）○○○○
大磯	アジ マダイ			仕立専門で瀬ノ海周りから東沖の90～120㍍をビシ釣りで大中型を狙う、左は大磯沖、各種仕立船受付中	●×●丸（仕）○○○（○○○）○○○○
小田原港	マダイ			7時30分出船で早川真沖と小田原沖の60～70㍍前後をビシ釣りで良型をせめる、20～22まで臨時休業	★●×丸（乗・仕）○○○（○○○）○○○○
伊豆山港	マダイ			午前と午後出船で熱海沖から初島沖の60～90㍍ダチをビシ釣りで良型をせめる	★●×●×丸（乗・仕）○○○（○○○）○○○○

良型カワハギ順調7～21匹（剣崎）

地区	魚種	大きさ	匹数	状況	船宿
網代	マダイ ヒラメ			午前と午後出船で網代沖から初島沖の60～90㍍を良型主体にせめる、左は網代沖の30～50㍍ダチ	★●×●丸（乗・仕）○○○（○○○）○○○○
伊東	キンメ鯛 アコウ鯛			3時30分出船で伊東南沖の250～500㍍ダチを同突20本針で良型をせめる、外道にクロムツ交じる	★●×●丸（乗・仕）○○○（○○○）○○○○
沼津外港	ヤリイカ タチウオ			石花海周りの150～170㍍を狙い大型が乗る、左は夜釣り、千本松沖のタナ15～30㍍で大中型が数有望	★●×●×丸（乗・仕）○○○（○○○）○○○○
下田須崎	マダイ カサゴ	イサキ カワハギ		6時30分出船で須崎沖の25～60㍍をせめる、左鬼カサゴ交じる、下は須崎沖の25～35㍍	★●×●×丸（乗・仕）○○○（○○○）○○○○
戸田	マダイ ヤリイカ	メダイ		午前と午後出船で戸田沖を狙う、メダイ数有望、左は石花海周りで大型が乗る	★●丸（乗・仕）○○○（○○○）○○○○
大島岡田	メダイ キンメ鯛	アコウ鯛		午前と午後出船で岡田港沖の100～140㍍ダチを狙う、左は同沖と乳ヶ崎沖で良型を狙う	★●丸（予乗・仕宿）○○○（○○○）○○○○
御前崎	マダイ メダイ	1.3～2.5㌔ 2.5～3.5㌔	3～8匹 0～3匹	イサキ33㌢1匹交じり、6時20分出船で御前崎沖、連日好調	●×●×丸 ○○○（○○○）○○○○
鮎川湖	ワカサギ	6～12㌢	30～612匹	桟橋とDロープを白サシ餌、2番手は465匹、熊谷市の清水さん	管理事務所 ○○○（○○○）○○○○
加賀FA	マダイ アジ	15～60㌢	2～88匹	ヤマメ・ブルック交じり、小型プラグ・ミノーで表層～中層好反応	管理事務所 ○○○（○○○）○○○○
丹沢湖	ワカサギ	7～12㌢	25～90匹	ボート乗り場前から大仏橋の上流9～15㍍を紅・白サシと赤ムシ餌	●●湖記念館 ○○○（○○○）○○○○

タイ五目好調2～8匹（葉山）

新聞の釣果情報（イメージ）

何年間かの記録を比較すると、同じポイントにアンカリングしているつもりでも、微妙にピンポイントが変わっています。水深の記録を見ればよく分かります。また、潮の速さあるいは方向でその日の釣果に違いがあることも分かります。またその年の気象、海象の状況で、同じ魚でも釣れる時期や大きさ、あるいはタナが変化していることにも気がつくと思います。

そして、このような記録を積み重ねることにより、その年の気象、海象状況で旬の魚の動向を把握し、その日のポイントを予測することも可能となります。また現地では、潮の速さ、方向および水温などが、ピンポイントとタナを決める際の重要なデータとなります。漁船や遊漁船に先駆けて、春の上りダイの移動時期を把握できれば、確実に大型のマダイをゲットできるでしょう。

釣り大会

　最後になりましたが、同じボートアングラーの集まりに参加することも、情報収集のひとつの手段です。たとえば、マリーナやボートの販売店などが企画する釣り大会です。

補足　ボートのメインテナンス

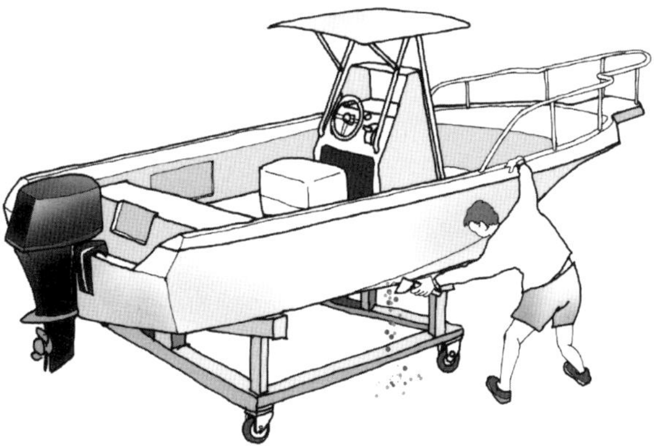

船底塗装

係留保管の場合は、夏場になり水温が上昇すると、フジツボ等の貝が船底に付きます。当然スピードが落ち、燃費も極端に悪化しますが、最も大きな問題は、舵が利きにくくなることです。特に荒天時などでは、命取りになります。またハリスが貝と接触して傷つき、せっかくの魚を逃すことにもなります。

貝は梅雨明けから一気に成長します。従って、1年に1回の船底塗装であれば、8月の終わりごろにボートを陸揚げして船底の掃除と塗装をするのが最も効率が良いと思います。そして秋のシーズンには、ベストの状態で臨みたいものです。

自分でできる、船底塗装の手順を紹介しておきます。是非一度試して下さい。

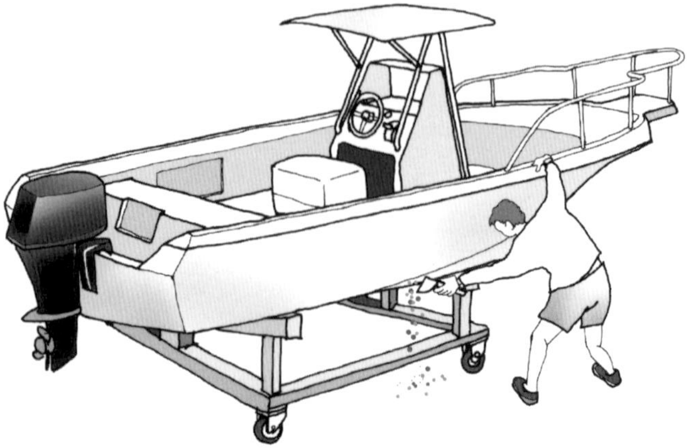

1．ボートの陸揚げ

漁港のスロープを利用する場合は、クレーンを操縦する人と、ボートを運転する人、およびその2人を仲介する人が必要です。漁港のスロープには、レールが敷かれています。レールは海中まで敷かれていて、そのレールの上に船台が乗っています。ストッパーを外せば船台はレールを下って、海中に入ります。その船台の上にボートを乗せるのですが、この船台の水深調整が微妙です。

深いとボートが浮いてしまいます。逆に浅いとボートを乗せることができません。そして、うまくボートを船台の上に乗せたと判断してから、クレーンで一気に引き上げます。ここのところは、素人では危険です。熟練の漁師さんの応援が必要です。

マリーナの場合は、お金がかかりますが、陸揚げに応援団は必要ないため、1人でも十分です。ただ1人作業は疲れるため、少なくとも2人での作業をお勧めします。

スロープ上架作業は2人で

2. 船底の汚れと付着物を取る

高圧水洗の設備がある場合は、まず船底の汚れを除去します。汚れが取れると、貝等付着物が鮮明になります。次に貝等の付着物は、スクレーパーで削り落とします。スクレーパーは柄の長いものをお勧めします。船底は、多少の擦り傷等は問題ないため、削り残しがないよう丁寧に取り除いて下さい。付着物を削り取った後、もう一度高圧水洗で船底を綺麗にして下さい。そして削り残しがないかを確認します。問題なければ、2時間ほど乾燥させます。

3. オイルとアノードの交換

この乾燥時間を利用して、ギアオイルおよびアノードを交換します。ギアオイルは、写真のように、上のネジを外した後で下のネジを外し、出てきたオイルを容器で受け取ります。

オイルが止まるのを確認してから、写真のチューブの先端を下のネジ穴に挿入して、手でチューブを圧縮しながらオイルを供給します。

しばらくすると、上のネジ穴からオイルが出てきます。エアが巻き込んでいないことを確認後、下のネジ穴にチューブを差し込んで加圧した状態で、上のネジを締めます。そしてチューブを外しますが、上のネジを確実に締めておけば、オイルは出てきません。最後に下のネジを締めて完了ですが、ネジは緩まないよう、大きめのマイナスドライバーを使用して下さい。

アノードは船外機の種類等により、装着方法が異なる場合があります。販売店等に確認の上、必要な工具を揃えて下さい。工具さえあれば簡単に脱着できます。

またこの機会に一度ペラを外して、釣りイト等が絡んでいないかどうかの点検もお勧めします。ネジとピンを外せば簡単に取り外せます。ただし、ピンは予備を準備しておいたほうが無難です。取り外す際に、復元出来なくなることも予想されます。必要な工具は、中型のモンキーとペンチですが、ピンの復元に金槌があれば便利です。

4．マスキング

乾燥状態を確認し、問題がなければ次はマスキングです。マスキングテープを貼りつける位置は前回塗装した部分の色で一目瞭然です。幅広のマスキングテープを使って、マスキングを実施して下さい。

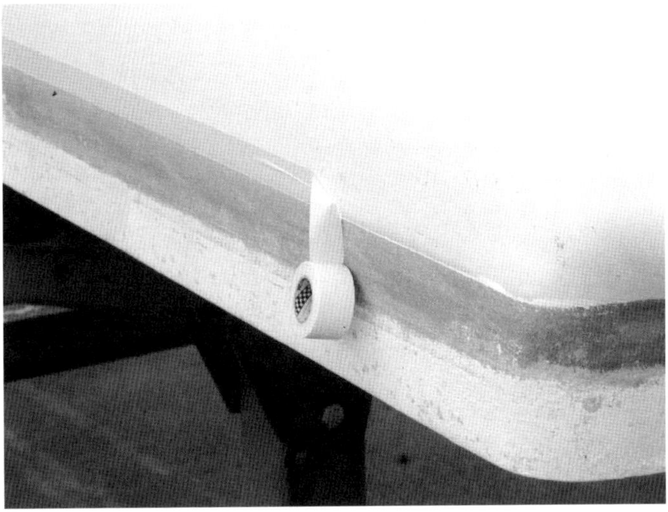

5．船底塗装

マスキングが終わるといよいよ塗装です。最初はプライマーが必要ですが、2回目以降は不用です。従って、直接塗料を塗りますが、基本的には2度塗りです。また塗料は出来るだけ希釈せずに使用しますが、扱い難い場合はキシレンでほんの少し希釈すると綺麗に塗布出来ます。下塗り後、30分ほど乾燥させてから上塗りします。今回紹介する船底塗料は、自己研磨型の塗料です。従って、塗りムラは気にする必要はありません。出来るだけ厚く塗りましょう。

上塗り後は、8時間の乾燥時間が必要ということですが、私は2時間ほどで海へ戻しています。時間的な余裕があれば、翌日まで乾燥させれば完璧です。また、陸揚げしたこの機会を利用して、海上では出来ないメインテナンスや船体の洗浄、あるいはグリスアップ等を実施するのも有効です。

船外機の点検　参考資料

最後に、船外機の点検項目をご紹介します。冷却水路とインペラ以外は、自分で点検可能です。ぜひ参考にしてください。

船外機はここをチェック!!

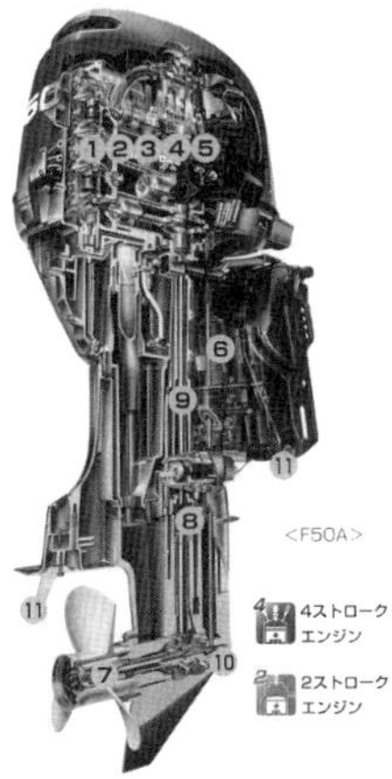

<F50A>

4ストロークエンジン

2ストロークエンジン

① エンジンオイル

エンジンオイルは、エンジン内部の潤滑・冷却・密閉・洗浄等を行い、エンジンをスムーズに回転させるためのものです。

●エンジンオイルの劣化の様子

新品のエンジンオイル

劣化したエンジンオイル

●エンジンオイルの交換時期

交換時期	初回は使用後10時間 6ヶ月毎または100時間毎

アドバイス

- ●エンジンオイルの交換を怠るとピストン・ベアリングなど摺動部の摩耗が促進され耐久性に影響を与えたり、最悪の場合、エンジンの焼付きにいたることもあります。定期的に交換してください。
- ●エンジンオイルは劣化するだけではなく徐々に減ります。こまめに点検を行い不足している場合は補充することも必要です。

② エンジンオイルフィルタ

エンジンオイルをろ過し、汚れを取り除くのがエンジンオイルフィルタです。

●エンジンオイルフィルタの劣化の様子

新品のエンジンオイルフィルタ

劣化したエンジンオイルフィルタ

●エンジンオイルフィルタの交換時期

交換時期	6ヶ月毎または100時間毎

アドバイス

汚れには、エンジンオイル内の金属粉、削りかす、カーボンなどがあり、定期的な交換を怠るとフィルタが目詰まりをおこし、潤滑不良になります。その結果、エンジンに重大な損傷を与えるおそれがあります。

③ タイミングベルト

タイミングベルトは、エンジン内部の回転部品（クランクシャフトとカムシャフト）を連結して回転させます。

●タイミングベルトの劣化の様子

新品のタイミングベルト

劣化したタイミングベルト

●タイミングベルトの交換時期

交換時期	5年毎または1000時間毎

亀裂、摩耗、荒れがないか。オイル付着がないか。タイミングベルト中央部でたわみが10 mm以上ないか。

アドバイス

- ●タイミングベルトが劣化した状態で使用を続けると、歯飛びや断裂によって回転部品の関係が狂い、エンジンの重大な破損につながるため、定期的な交換が必要です。
- ●タイミングベルトにオイルや防錆潤滑剤を塗布しないようにしてください。

④ スパークプラグ

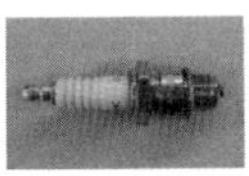

スパークプラグは、エンジン燃焼室内で火花を飛ばし、燃料に着火します。

●スパークプラグの劣化の様子

新品のスパークプラグ

劣化したスパークプラグ

アドバイス

- ●スパークプラグは使用時間の増加にともない電極が消耗したり、カーボンで汚損し火花がうまく飛ばなくなります。エンジンの不調や燃費の悪化、未燃焼ガスを排出し環境汚染にもつながります。
- ●スパークプラグの汚損を防ぐには、長時間のアイドリングや過負荷運転を避けることで軽減できます。

⑤ 燃料系統

燃料フィルタは燃料系に混入した異物や水分をろ過します。燃料フィルタはろ過を繰り返すと劣化します。

●燃料フィルタの劣化の様子

新品の燃料フィルタ

汚れた燃料フィルタ

●燃料フィルタの交換時期

交換時期	1年毎または200時間毎

燃料フィルタ、ホース、ジョイント部等からの燃料漏れ、亀裂、詰まりはないか。

アドバイス

- ●燃料に異物が混じっていると、エンジンの不調やエンジン焼付きのおそれがあります。定期的な点検が重要です。
- ●燃料フィルタに水が溜まる場合、燃料タンクの点検も必要です。

船外機の点検　参考資料

船外機は使用中常に海水や潮風にさらされています。傷みが早い部分もあるため、日頃の点検が不具合箇所の早期発見につながります。以下に代表的な点検ポイントを記載しました。取扱説明書、保証書・整備手帳と併せて確認してみましょう。

⑥ パワートリム&チルト部（ブラケット）

船外機の上げ下ろしと艇体のトリムを制御するのがパワートリム＆チルトです。

●腐蝕によるオイル漏れしたチルト

保留状態

腐蝕したチルトピン

アドバイス

- ●パワートリム＆チルトは、船の性能を引き出す重要な部品のため防錆処理や点検・整備が必要です。（点検・整備を怠たり、損傷が生じたときの修理代は高価です。確実な点検・整備が余分な出費を防ぎます。）
- ●バッテリ上がりなどでパワーチルト（船外機による）操作ができない場合は、マニュアルバルブを操作すると手動でチルトアップおよびチルトダウンできます。チルトアップ状態の保持はチルトストップレバーで行います。

⑦ プロペラ / シャフト

プロペラは、艇に推進力を与える重要な部品です。損傷や脱落は海上漂流の危険性があります。

●プロペラ / シャフトの劣化の様子

破損したプロペラ

つり糸の巻き付いたプロペラシャフト

●プロペラの交換時期

交換時期	損傷が著しいとき

プロペラの欠けや曲がり、腐蝕がないか。プロペラシャフトに釣り糸などの巻き込みや塩付きがないか。

アドバイス

プロペラ、プロペラシャフトの点検・整備を怠ると振動や燃費の悪化、ギヤやロアケースの破損につながるおそれがあります。同時に定期的にプロペラシャフトにヤマハグリスD（ヤマハ純正品）を十分塗布しておきましょう。

⑧ インペラ

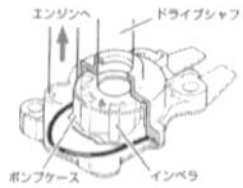

海水ポンプインペラは、エンジン内部へ冷却水（海水）を送る役目をします。劣化すると冷却水を規定量送れず、エンジンのオーバーヒートや破損を起こすことがあります。

●インペラの劣化の様子

新品のインペラ

破損したインペラ

●インペラの交換時期

交換時期	損傷が著しいとき 1年毎または200時間毎

アドバイス

インペラはポンプケースの壁を擦って回っているため、長時間使用することで摩耗や劣化を起こします。また、インペラの材質はゴムのため、水無し運転や浅瀬走行などをすると焼損や破損するおそれがあります。インペラとポンプケースは定期的な交換が必要です。

⑨ 冷却通路

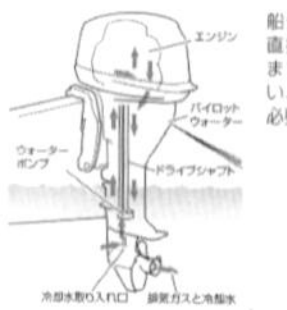

船外機は、海水で直接冷却されています。日常の水洗い、点検・整備が必要です。

●冷却通路の劣化の様子

汚れた冷却通路

塩分が堆積した冷却通路

アドバイス

使用後に、真水で冷却通路を水洗いすることで、通路の中に残った塩分や砂などの異物を取り除き最良のコンディションを保つことができます。
洗浄を怠ると、冷却通路が異物で詰まりエンジンのオーバーヒートやピストンの焼き付きの原因となりエンジン損傷につながります。

⑩ ギヤオイル

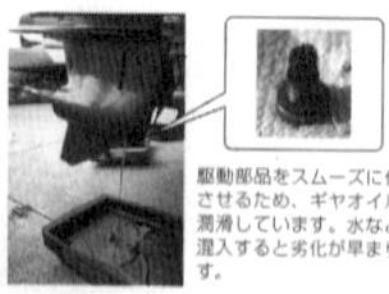

駆動部品をスムーズに作動させるため、ギヤオイルで潤滑しています。水などが混入すると劣化が早まります。

●ギヤオイルの劣化の様子

新品のギヤオイル

乳化したギヤオイル

アドバイス

- ●排出したギヤオイルが白濁しているときは、ギヤケースに水が混入している可能性があります。プロペラシャフトやオイルシール等を点検・整備する必要があります。
- ●オイルレベルプラグやオイルドレンプラグの緩みはロワケース内への水混入の原因となります。ガスケットを新しく交換して確実に締め付けてください。

⑪ アノード

アノードは、船外機本体、構成部品を電気的腐蝕から守るためのものです。

アノードの位置
❶ブラケット部
❷ヘッド部
❸トリムタブ

●アノードの劣化の様子

新品のアノード

消耗したアノード

●交換時期

交換時期	アノードの体積が新品の1/2〜1/3程度になったとき

アドバイス

使用の状態や環境によりアノードの消耗時間は著しく異なります。アノードには、絶対塗料を塗らないでください。防蝕効果が無くなります。

資料提供　ヤマハ発動機販売株式会社
　　　　　株式会社ダイイチ

著者紹介

北林　宏邦（キタバヤシ　ヒロクニ）

和歌山県出身。

小学校に入学直後から、父親に連れられて池や川で釣りを始める。

本格的な海釣りは、成人してから。防波堤から入門し、砂浜からの投げ釣り、磯、いかだ釣りを経て沖の船釣りへ。そして知り合いの人に誘われて経験した、船外機付きゴムボートのシロギス釣りが忘れられず、ボート免許を取得。

しばらくは、レンタルボートで楽しんだが、低価格の小型プレジャーボートの登場を機に初代ＡＺＵＭＡ-Ⅰを購入。

当初はシロギス釣りで満足していたが、ボート購入後始めての「乗っ込みマダイ」シーズンに、70cmクラスをゲットしたことで、プレジャボートでのマダイ釣りのとりことなり、現在に至る。

プレジャーボートで
マズイ釣り

平成16年10月15日　第1版第1刷発行

著　者　北　林　宏　邦
発行者　大田川　茂　樹
発行所　株式会社　舵　　社
〒105-0013　東京都港区浜松町1-2-17
電話　03-3434-4531

定価はカバーに表示してあります

ISBN4-8072-5111-2 C2075